MODERN PIANO SCHOOL I

von Axel Kemper-Moll

Notenbuch für Katharina Moll

mein besonderer Dank gilt:

meinen Eltern & Großeltern, meiner Frau Barbara, meiner Tochter Katharina, unseren Lehrern, unseren Schülern, Hans Jörg André, James Culver, Erich Dahlheimer, Gisela Dittrich, Lenka Duranova, Leonie Eckrich, Rolf & Charlotte Fitte, Ralf Fiebelkorn, Stefan Gey, Heinz Göbel, Ingolf Griebsch, Andreas Guckel, Katja Ilic & Udo, Jochen Kessler, Susanne Mantz, Michael Nehrkorn, Douglas Nelson, Gudrun Oswald, Stefan Randa, Kris Raykova, Burkhard Rieger, Christof Sänger, Prof. Christoph Spendel, Dogan Tekin, Claude Visbeck, Charles & Ralph Voggenreiter, Philipp Wichmann

Tragen Sie sich in unseren e-mail-Verteiler ein, falls Sie Infos bei Erscheinen neuer Bücher bekommen möchten:

KONTAKT / DEMOVIDEO: www.modern-piano-school.de

ART-Work

mit besonders herzlichem Dank an **Gisela Dittrich, Olli Dittrich**, Maria Haus
und an **Lenka Duranova / DreAm-pOpArt** (Cover, ... www.duranova.eu), die den Büchern Geschichten und eine phantastische Atmosphäre verliehen haben. Zwei der besten Schwarz/ Weiß- & Farbkünstlerinnen der Republik. DANKE!!**

Fotos: Axel Kemper-Moll / Ralf Fiebelkorn
Tonstudio: MPS / Axel Kemper-Moll
Layout & Notensatz: Axel Kemper-Moll / Stefan Gey ART-EDITION

AXEL KEMPER-MOLL VERLAG

www.modern-piano-school.de
Buch / ISBN: Modern Piano School Band 1: 978-3-947071-00-5 | MPS100
CD / ISBN: Modern Piano School Band 1(separat): 978-3-947071-01-2 | MPS101

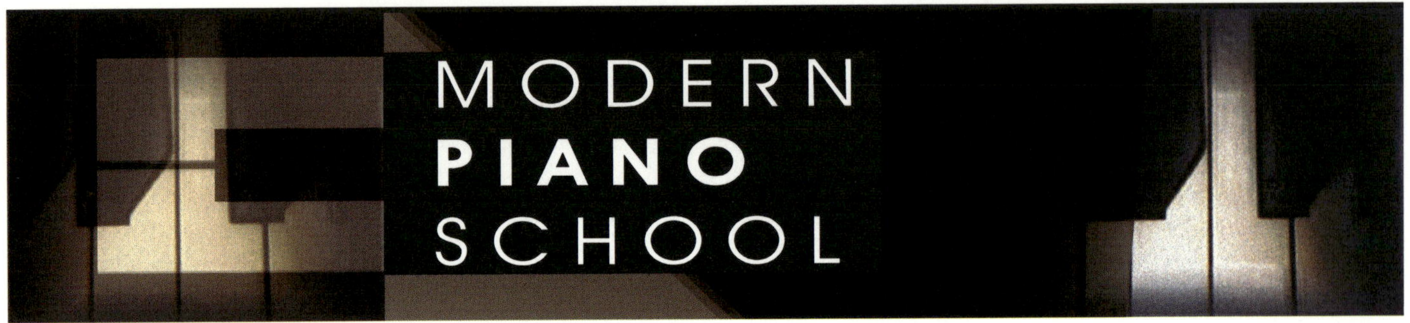

Schönste Sammlung / klassisch & modern

Klavierschule

für Erwachsene & Jugendliche

2 & 4 händig Hörbeispiele auf CD & Download.
Infos unter www.modern-piano-school.de

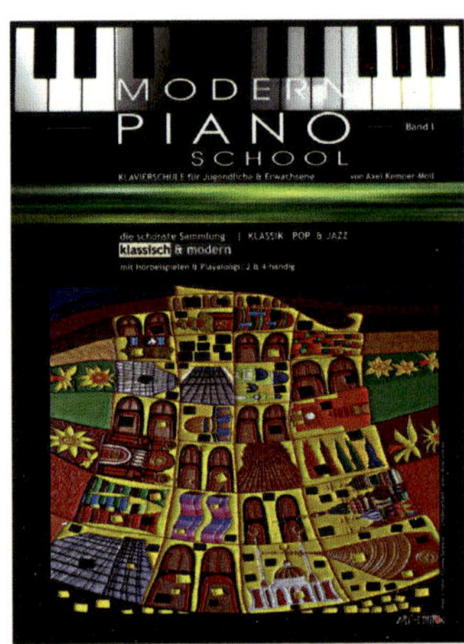

BAND I Das erste Jahr

Elementares Grundwissen:
Die Tastatur/ Das Doppelsystem/ Die Noten/
Taktarten Notenlängen & Pausen

Kapitel 1: Stücke in der Mittel-C Position
Körperhaltung/ Phrasierung,
Lautstärken/ Vorzeichen

Kapitel 2: Finger 2-5 werden verschoben

Kapitel 3: Stücke mit anderen Lagen/ Lagentraining, Stücke mit Lagenwechsel & Daumenuntersatz

Kapitel 4: Weihnachtslieder leicht

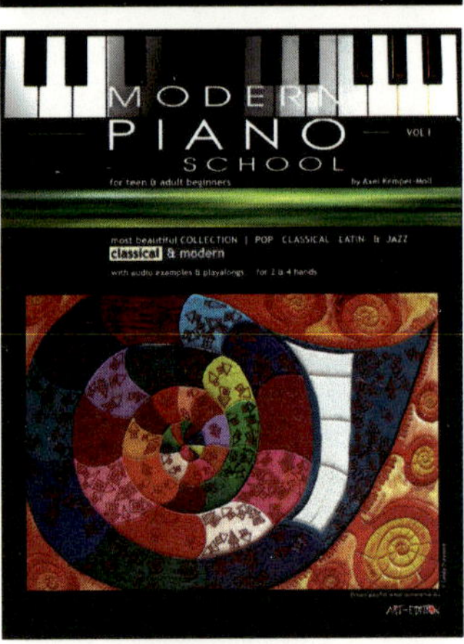

BAND II Stückesammlung klassisch & modern

EINFÜHRUNG IN DIE KLASSIKER

POP BLUES BOOGIE LATIN

Erkennen der Lagenwechsel und Verschiebungen
anhand der Fingersätze
Alle Noten
Vorzeichen am Zeilenanfang/ Die Pedale
12 Dur- & 12 Molltonleitern

Band III kann parallel zu Band II verwendet werden

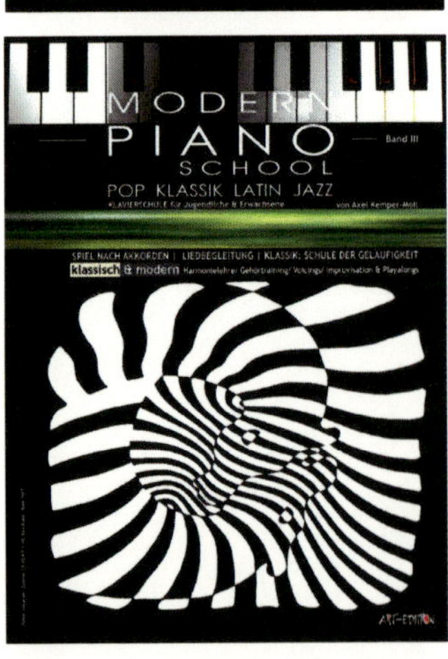

Band III POP KLASSIK JAZZ LATIN SALSA

Anleitung zum Spiel nach SONGBOOKS/ Akkorden
Liedbegleitung / Lefthand-Pattern (Begleitrhythmen)

Die Schule der Geläufigkeit/ Handwerkliche Grundlagen
klassisches Repertoire

Harmonielehre / Gehörtraining / Tonsatz / Improvisation

Dur- & Molltonleitern
Intervalle / Quintenzirkel
7 Dreiklangstypen & Akkordzusatztöne
Akkordumkehrungen/ Upper Structure-, Schrägstrich-Akkorde
Voicingstrategien (Grifftabellen)
One Hand-/ "Left"hand-Voicings
Two Hand-Voicings (+ Grifftabelle)
Weihnachtslieder zum selber machen
Kleine Anleitung zur Harmonisierung

Modern Piano School Band 1 - Nr: MPS 100
ISBN-Buch: 978-3-947071-00-5
CD (separat) MPS101/ ISBN: 978-3-947071-01-2
VOL I engl MPS 106: ISBN: 978-3-947071-06-7

Modern Piano School Band 2 - Nr.: MPS102
ISBN-Buch: 978-3-947071-02-9
CD (separat) MPS103/ ISBN: 978-3-947071-03-6

Modern Piano School Band 3 - Nr.: MPS104
ISBN-Buch: 978-3-947071-04-3
CD (separat) MPS105/ ISBN: 978-3-947071-05-0

INHALT Band I

Hörbeispiele & Playalongs auf CD od. Downloadinfos:

www.modern-piano-school.de

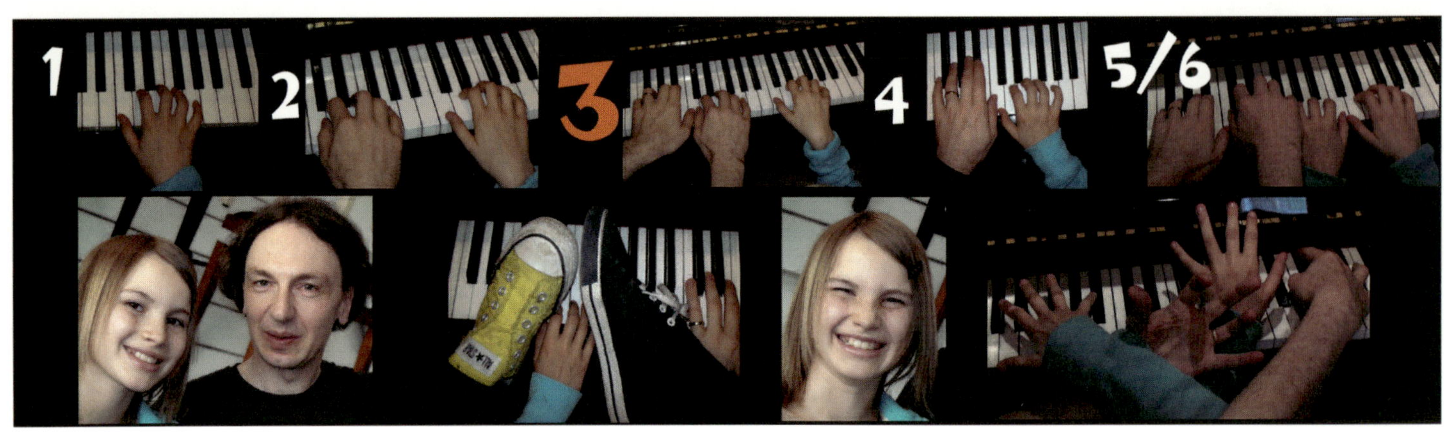

Lernen durch Imitation

Musik als „Muttersprache“

wird möglich durch z.B. 3-händiges Spiel der Schülerstimme s. Foto 3
(1-4 händiges Konzept s. Anhang)
mit Lehrer*in od. mit Hörbeispielen
CD & Downloads s. www.modern-piano-school.de

beim Lernen

mehr Musik machen

erlebnisorientiert

viel weniger Erklärungen nötig

leichteres Erlernen auch komplizierter Rhythmen

viel weniger “Kommandos”, weniger (unbeliebtes) Zählen, ...

Aktivierung von Gehör und Körpergefühl

schnellere Fortschritte

mehr Interaktion

Siebenmeilenstiefeltipps zum Üben für:

leichteres Voranschreiten und Überwinden von Schwellen

lebendigere Musiker*innen
mehr Freude am Musik machen

Vorwort

Dieses Buch ist ein neues, modernes KLAVIERBUCH und gleichzeitig eine klassische Klavierschule.
Wir wünschten uns ein schönes Buch für das erste Jahr mit dREAmpOpART und Spielfreude für Jugendliche & Erwachsene, mit Klassik, Pop, Blues, Jazz, Latin, 2 & 4-händig, Lehrerstimmen, Hörbeispielen, Playalongs & CD. Es handelt sich um eine mit Künstlern fair produzierte ART-Edition/ made in Offenbach, die den Büchern Bildergeschichten und eine phantastische Atmosphäre verliehen haben. Danke!
Durch 1-4 händiges Spiel mit der CD oder mit Lehrer*in und mehr Musizieren von der ersten Stunde an, ergibt sich Vieles ganz natürlich: Besonders wichtig war 3-händiges Spiel und hat viel Freude gebracht. Es wird so Lernen durch Imitation und Musik als Muttersprache leichter möglich. (Konzept s. S. 71)
Durch Imitation und die Aktivierung von Gehör und Körpergefühl braucht es viel weniger Kritik, "Kommandos", weniger (unbeliebtes) Zählen, ergeben sich lebendigere Musiker, mehr Freude und schnellere Fortschritte.

Reproduzierende Interpretation und eine „Marionetten-Ausbildung" ohne Harmonielehre und Gehörtraining (s. Band III) erscheint heute wie ein musealer „Irrtum der Musikgeschichte" aus der Zeit um 1900, als (mit zu großem Respekt) die „klassische" Musik für die „Glasvitrine", das Museum fertig gemacht wurde. Der „Schmetterling" ist viel schöner außerhalb der Vitrine!

Fremde Schüler spielten oft wie Roboter. Wie fühlt sich ein Schüler, der 10 Befehle / sec bekommt: 3-5 Noten + #, b, legato, staccato, p, pp, ppp, f, ff, fff, >, <, rit., ped. *, ...? Wir haben das bewusst reduziert und z.B. Legato-Bögen deshalb erst später eingeführt. Die FAZ schreibt: "In der Barockzeit wurden die Schüler noch zu Komponisten-Virtuosen ausgebildet, die Musik zusammensetzen und selbständiger auch über Artikulation, Phrasierung und Lautstärken entscheiden." Joh. Seb. Bach z.B. wollte keine Schüler als "Marionetten" und so findet man im Urtext fast „NICHTS", außer Noten.
In Klavierschulen von sehr sehr großen Verlagen steht der schlechte Tipp, man solle zunächst: alleNotenlegatospielen. Dasistuungefäääh rsoowiewennichpermanentnuuschelnwürde. Bitte NICHT nachmachen. Notenlängen sind ein sehr schönes Gestaltungsmittel!

Ich habe dieses Buch für meine Tochter geschrieben, es ist allerdings auch sehr gut für Erwachsene geeignet. Die Stücke sind das Beste des klassischen und modernen Klavierrepertoires, in 25 Jahren regelmäßig optimiert durch die Wünsche unserer Leser, Schüler*innen und unsere Arbeit in der Modern-Piano-School.
Die Geschichte der Klavierschulen ist bereits Jahrhunderte alt, und so gibt es einige "Schätze zu heben" und auch einen guten Klassikanteil (Bach, Mozart, Beethoven, Clementi, Tschaikowsky, Chopin, ...).
Ebenso wichtig sind uns jedoch typische Pop-Pianostile, Latin-, Blues-/ Jazz-Standards, Improvisation, Spiel nach SONGBOOKS & Akkorden, Liedbegleitung, Harmonielehre, Gehörtraining, ...:
Die modernen Kapitel in Band III können (ca. ab 6.-12.Monat) parallel zu Band II verwendet werden.
Die Wünsche an das Klavierlernen haben sich u.a. durch digitale Medien verändert. Viele wollen (s.youtube) durch Imitation mit weniger Erklärungen lernen. Dementsprechend wurden die Anweisungen in den Noten reduziert. Alle wichtigen Erklärungen findet man trotzdem.

Es ging darum, die schönste Sammlung für Einsteiger zusammenzustellen

Als in den 70´er Jahren viele Tastenschüler nach Keyboards fragten, wollten wir uns diesem Trend nicht verschließen. Die linke Hand für die Begleitautomatik stumm zu schalten, erschien allerdings ein sehr hoher Preis für das Erlebnis von Sounds & Rhythmus.
Die bessere Lösung sind die Studioaufnahmen mit Playalongs, teils mit Rhythmus, Bass, Chor, Lehrerstimmen, 4-händig, ... (CD / Downloads s.u.). Sie ermöglichen `Phantasiereisen´, sowie einen erlebnisorientierten Unterricht bei normalem Klavierspiel mit beiden Händen.

DEMOVIDEO, Hörbeispiele auf CD od. Download Infos, feedbacks & VIDEOS:

www.modern-piano-school.de

mail:kemper-moll@modern-piano-school.de

viel Spaß mit diesem Buch

Axel Kemper-Moll

Elementares Grundwissen

Die Tastatur

Das Doppelsystem

Mittel-C Position

Phrasierung & Lautstärken

Die Noten

Taktarten

Notenlängen & Pausen

Notenleseübung / Lagentraining

Körperhaltung

Die Tastatur

Den Ton C findet man immer neben einer Zweiergruppe schwarzer Tasten. Als erste Taste sollst du das mittlere C (es wird auch C eingestrichen: **C^1** genannt) suchen. Suche danach alle weiteren C´s auf der Tastatur.

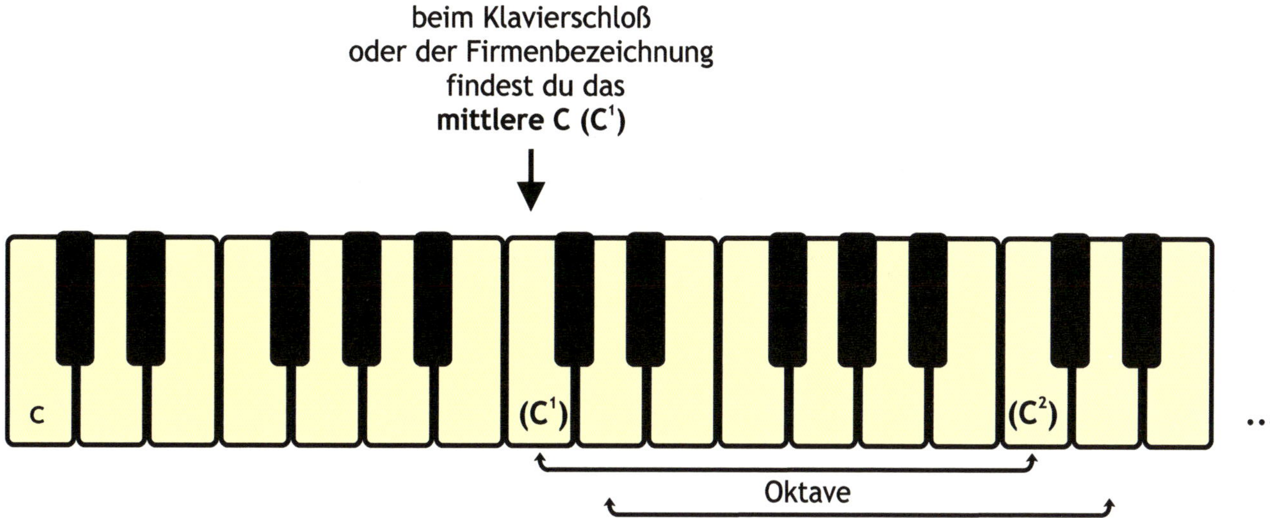

Der Abstand von C bis C (ebenfalls von D bis D, ...) wird Oktave genannt.

Die 7 Stammtöne

Wie die meisten Instrumente in der westlichen Musik ist die Tastatur der Tasteninstrumente in Halbtonschritte eingeteilt. Von einer Taste zur nächsten ist immer ein Halbtonschritt. Weil zwischen H und C sowie zwischen E und F jeweils ein Halbtonschritt ist, fehlen hier die schwarzen Tasten.
Die 7 Stammtöne liegen auf den weißen Tasten.
International werden die Töne von A-G dem Alphabet entsprechend benannt. Im deutschsprachigen Raum ist B=H. Nach G folgt wieder A, H, C, D, E, F, G, A, H, ...

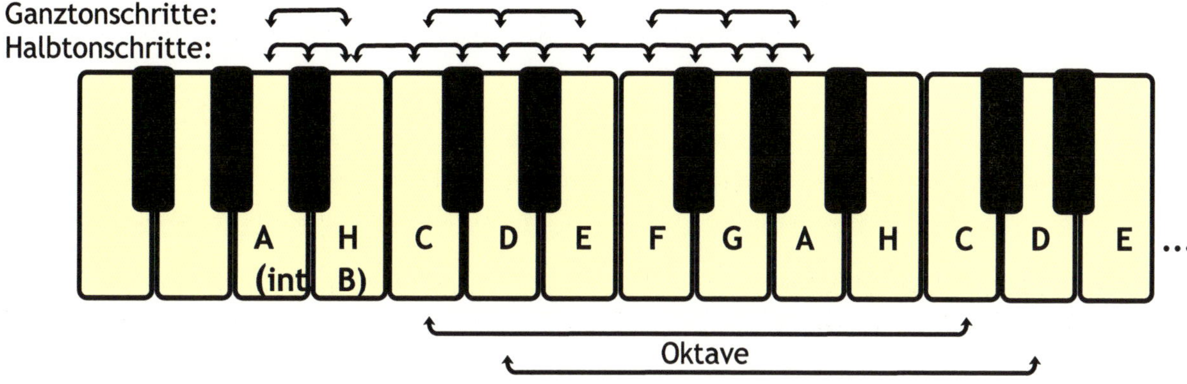

Lerne die Namen der weißen Tasten auswendig. Sage die Töne von C ausgehend rückwärts auf. Lerne die weißen Tasten in beliebiger Reihenfolge ohne Abzählen zu benennen.

Das Doppelsystem

In unserem Doppelsystem (2 x 5 Notenlinien) brauchen wir zunächst die oberen 5 Linien für die rechte Hand und die unteren 5 Linien für die linke Hand (später flexibel).
Das mittlere C sitzt auf einer kleinen Hilfslinie. Hier treffen sich zunächst rechte und linke Hand.

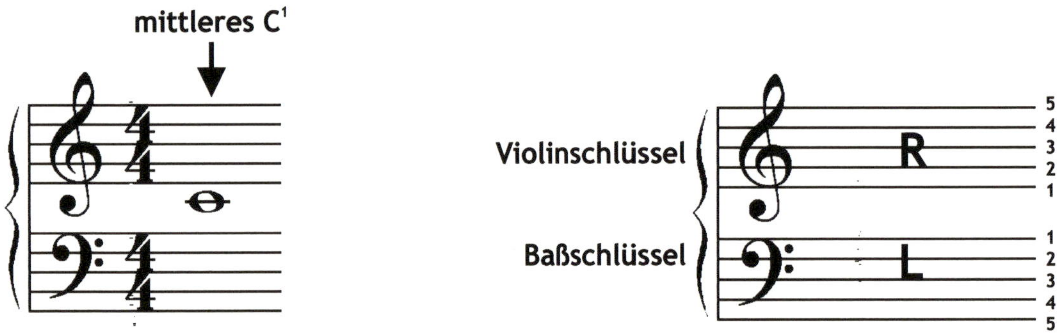

Der Violinschlüssel wird für die höheren Töne (ca. ab C[1]) verwendet. Er umkringelt das G[1] und wird auch G-Schlüssel genannt. Der Baßschlüssel wird für die tieferen Töne verwendet. Er umkringelt das f und wird auch F-Schlüssel genannt.

Mittel C-Position & Fingersatz

Die Noten der Stammtöne sitzen abwechselnd auf und zwischen den Linien. Für die ersten Stücke sollen zunächst beide Daumen auf dem mittleren C liegen. Für die Fingersätze werden die Finger vom Daumen ausgehend von 1 bis 5 nummeriert.

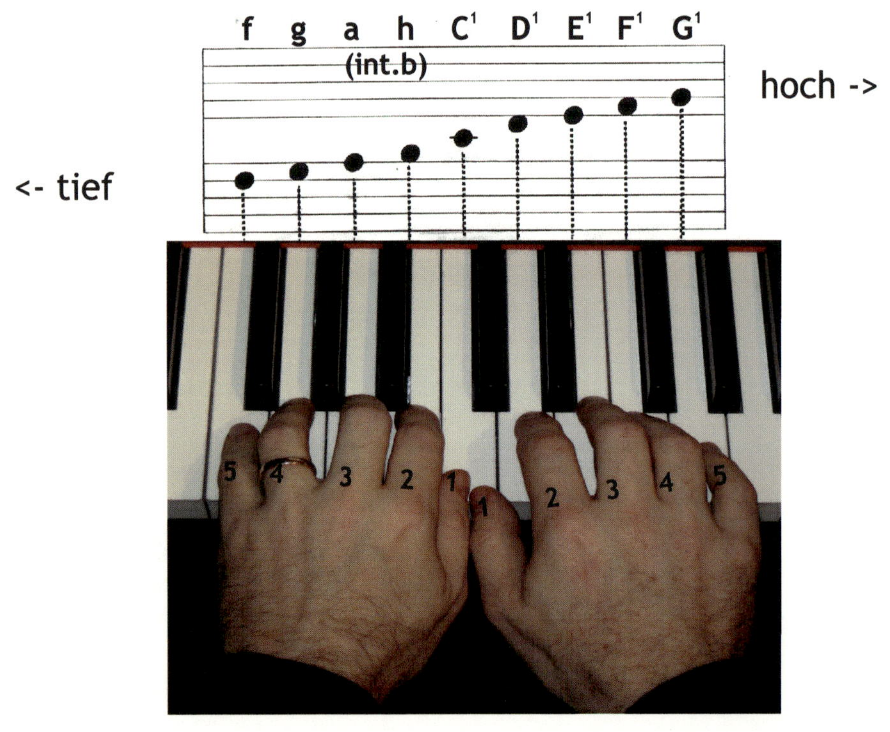

Position der Noten & Finger

Spielt man zuerst nach den Fingersätzen (1-5), sehen die Noten vom C aus **rechts und links gleich aus.** Z.B. beim Mittelfinger (3 / rechts wie links) geht die erste Linie **mitten**durch, der Ringfinger (4) sitzt jeweils im ersten Zwischenraum (von C aus), ...
Erst anschließend sollen auch die Notennamen gelernt werden.

Lerne die Noten zuerst nach Fingersätzen!

Du kannst so zunächst genießen, dass die Noten rechts wie links gleich aussehen:

Daumen 1	Zeigefinger 2	Mittelfinger 3	Ringfinger 4	kleiner Finger 5
Mittel-C auf der kleinen Hilfslinie	direkt daneben am Rand der fünf Linien	erste Linie geht mitten durch!	im ersten Zwischenraum	auf der zweiten Linie (von C aus)

R

L

Phrasierung & Lautstärken:

Wichtige Mittel zur Gestaltung einer musikalischen Phrase sind die Notenlängen und die Lautstärken. Man unterscheidet:

legato: Finger lösen sich exakt ab, gebundenes Spiel **nonlegato:** leicht abgesetzt **staccato:** kurze Noten, stark abgesetzt

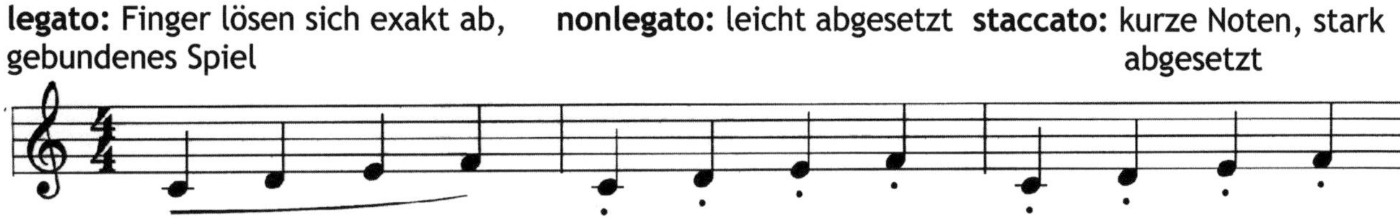

Achte beim Legatospiel besonders darauf, dass sich die Finger exakt ablösen.
Die Bezeichnungen für die Lautstärke sind:

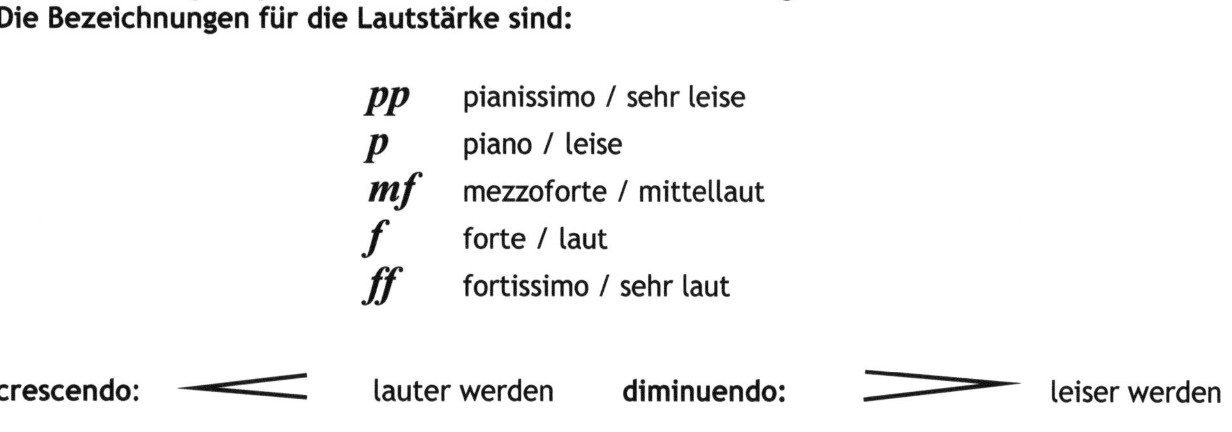

pp	pianissimo / sehr leise
p	piano / leise
mf	mezzoforte / mittellaut
f	forte / laut
ff	fortissimo / sehr laut

crescendo: < lauter werden **diminuendo:** > leiser werden

Taktarten, Notenlängen & Pausen

Die Zeilen sind durch Taktstriche in Takte eingeteilt. Die gängigsten Taktarten sind: 4/4 und 3/4 Takt. Im 4/4 Takt hat man vier "Pulsschläge" bis zum nächsten Taktstrich im 3/4-Takt drei. Die erste Zahl gibt also die Anzahl der Schläge/ Takt an. Die zweite Zahl gibt an, welche Notenlänge den Pulsschlag bestimmt. Die wichtigsten Notenwerte (Längen) sind zunächst:

Ganze Note/ Pause

Die ganze Note ist unausgefüllt und hat keinen Hals. Sie wird 4 Schläge lang gehalten.

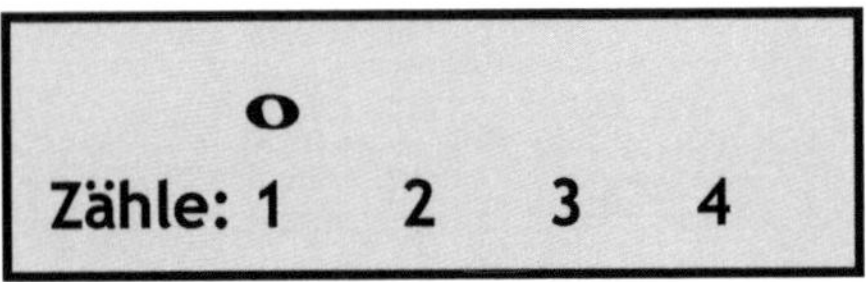

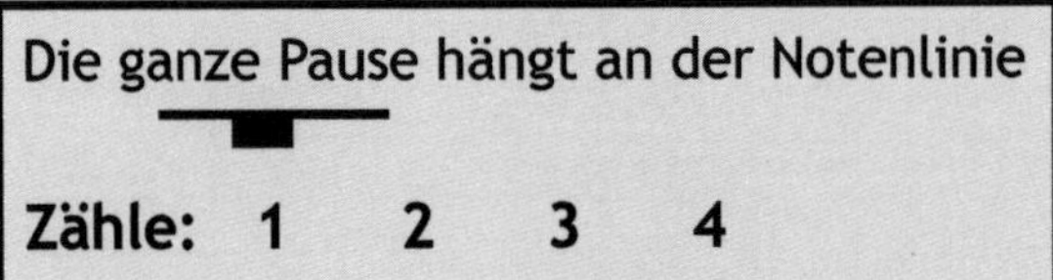

Halbe Note/ Pause

Die halbe Note ist unausgefüllt und hat einen Hals. Sie wird 2 Schläge lang gehalten und halbiert einen 4/4 Takt.

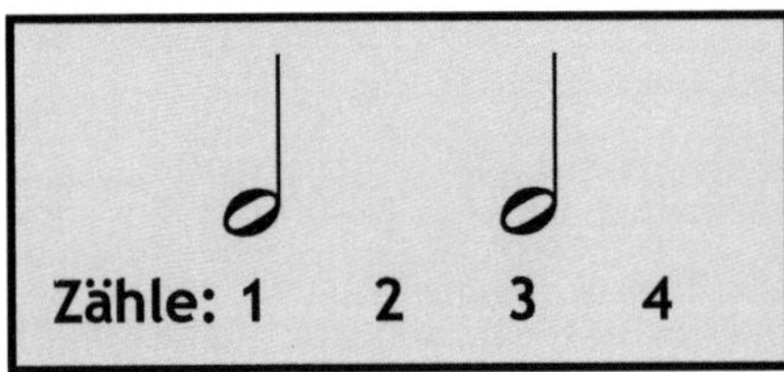

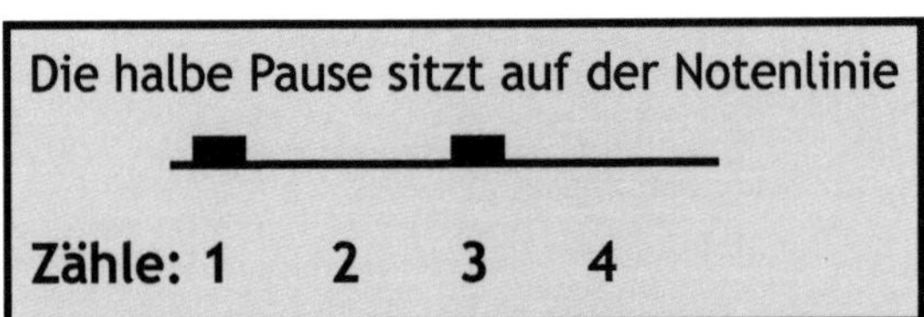

Viertel Note/ Pause

Die Viertelnote ist ausgefüllt und hat einen Hals. Sie wird 1 Schlag lang gehalten und folgt dem "Pulsschlag" der gängigsten Taktarten: 4/4 und 3/4-Takt:

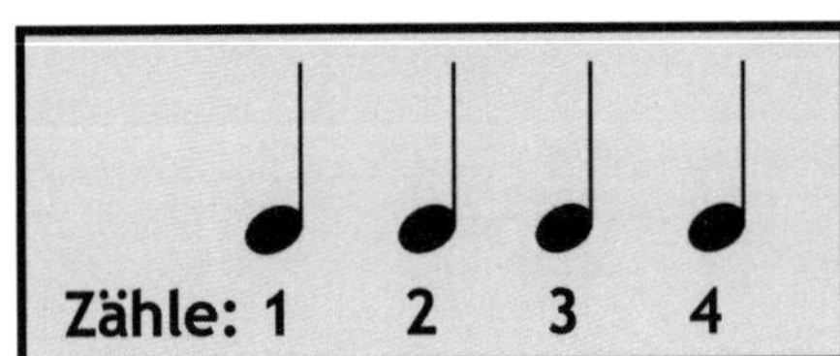

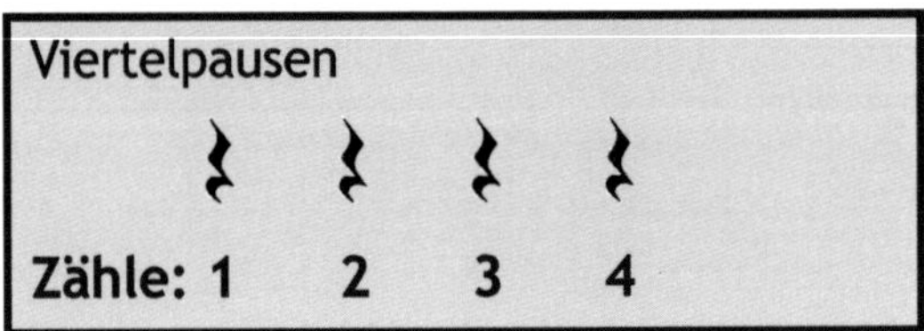

Achtel Note/ Pause

Die Achtelnote ist ausgefüllt, hat einen Hals und ein Fähnchen. Folgen mehrere aufeinander, so werden die Fähnchen mit einem Balken verbunden.

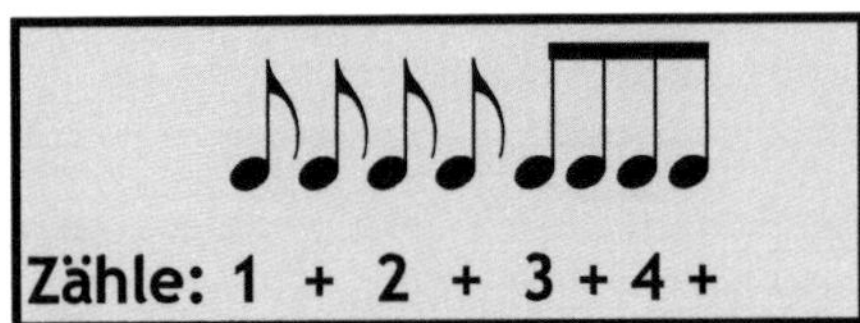

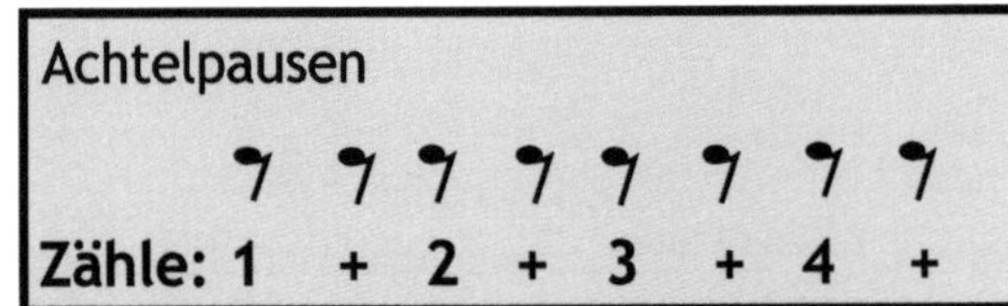

Häufig findet man auch 3/4-Takte. Ein Punkt hinter einer Note verlängert sie um die Hälfte ihres Wertes

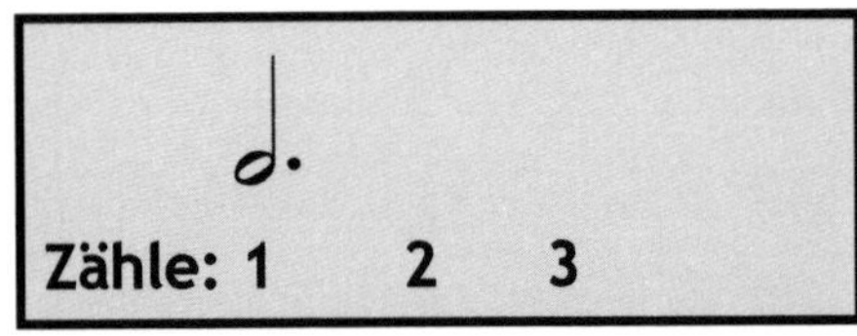

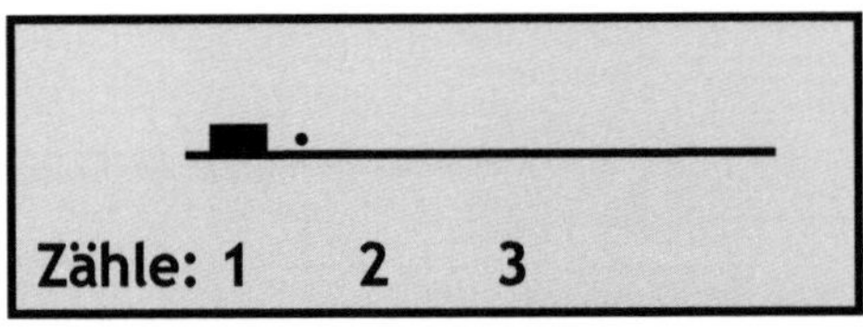

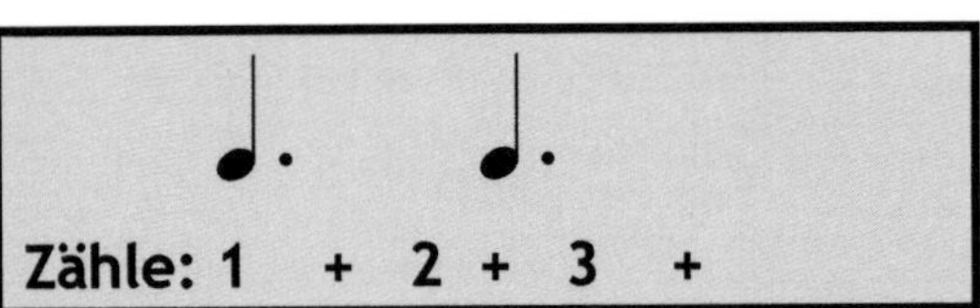

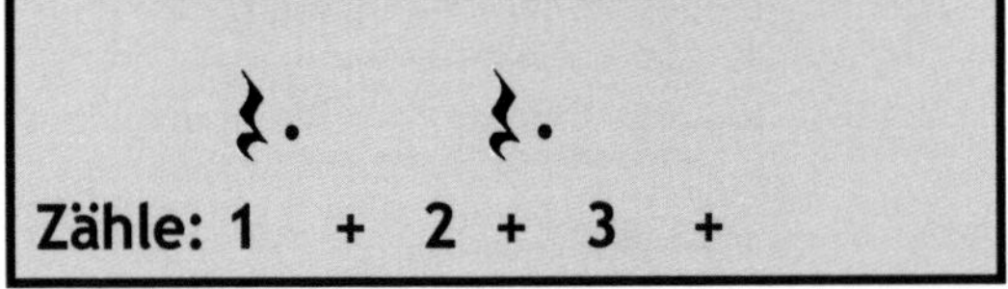

Notenleseübung

Ergänze zuerst die Noten anhand der Fingersätze:

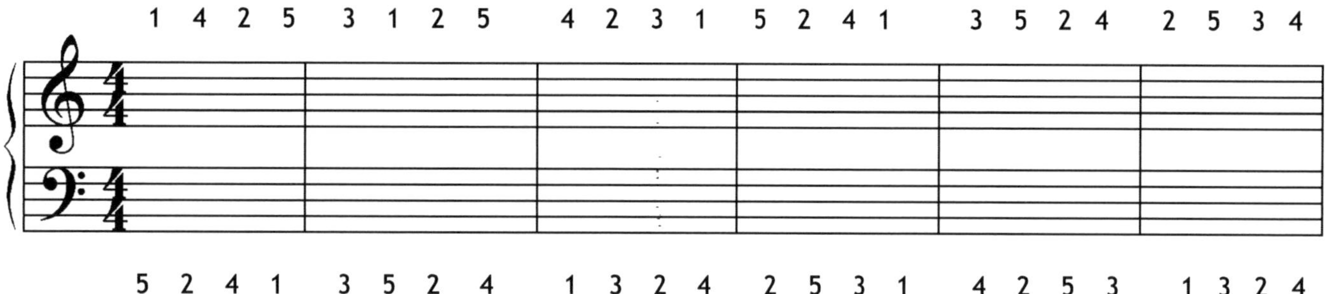

Ergänze (später) die Noten anhand der Buchstaben:

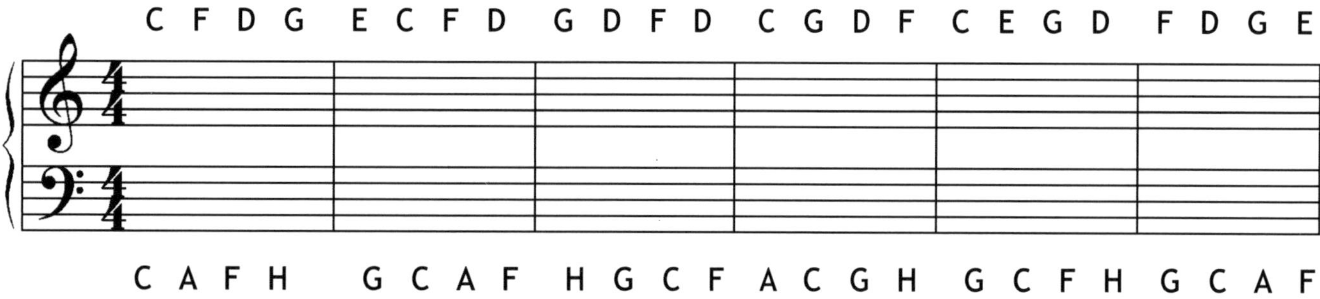

Denke für die Stücke in der Mittel-C-Lage zuerst an die Finger(sätze), damit die Noten links & rechts zunächst gleich aussehen.

Lerne erst später im 2. Schritt auch die Notennamen

Wenn zwei Noten übereinander stehen, werden sie gleichzeitig gespielt. Die Richtung des Halses zeigt an ob z.B. ein C rechts oder links gespielt werden soll (dies wird später nicht immer so sein).

Versuche mit der Zeit unbedingt vom Abzählen (z.B. C, D, E, F, ...) der Noten wegzukommen. Das dauert zu lang! Du solltest bewusst versuchen, den Schritt vom relativen Noten lesen (Abzählen) zum absoluten Notenlesen (ohne Abzählen) zu machen:

die Noten also wie Vokabeln auswendig lernen.

Doch jetzt wird endlich Musik gemacht!

Körperhaltung

Sitzposition

Du solltest einen höhenverstellbaren Stuhl haben. Sitze gerade, ohne die Schultern hochzuziehen, zunächst so hoch, dass die Unterarme parallel zum Boden sind. Sitze so weit entfernt, dass die Ellenbogen ohne große Schräglage des Oberkörpers noch vor dem Körper entlang geführt werden können.

Das Handgelenk

halte etwa so hoch, dass der Daumen beim Anschlag waagerecht ist oder etwas nach unten zeigt. Bei Kontrollproblemen mit 4. und 5. Finger, stelle das Handgelenk etwas mehr hinter diese Finger, so dass sie nicht mehr so schräg stehen. Der kleine Finger soll mit einer kleinen aktiven Bewegung (ohne „Karatetechnik" od. Absenken des Armes) die Taste herunterdrücken können und danach nicht ganz gestreckt sein, sonst ist das Handgelenk zu hoch.

Daumenunter-/ übersatz (ab S. 57)

Der Daumen soll ohne Anheben des Handgelenkes unter den Fingern 2-4 (Bogenstatik) die nächste Taste erreichen können. Hierbei ist es wichtig, den Daumen weit unter die Hand zu schieben. Bei hohem Tempo wird das reduziert oder nur die Hand verschoben. Das Handgelenk soll dabei parallel zur Tastatur bleiben. Die Hand bleibt geradeaus (-> 12:00 Uhr), bitte nicht die ganze Hand (-> 10:00 Uhr) drehen. Für höhere Geschwindigkeiten wäre eine Handdrehung ein Hindernis. Bogenstatik der Finger 2-4 und Position kurz vor den schwarzen Tasten geben Raum für den Daumen und verhindern Vor- & Zurückrutschen. Der Daumen muss nicht hinter die Tasten genommen werden. Die selben Regeln gelten für den Daumenübersatz. Eine Übung + Stück hierzu findest Du auf S. 57 & 58:

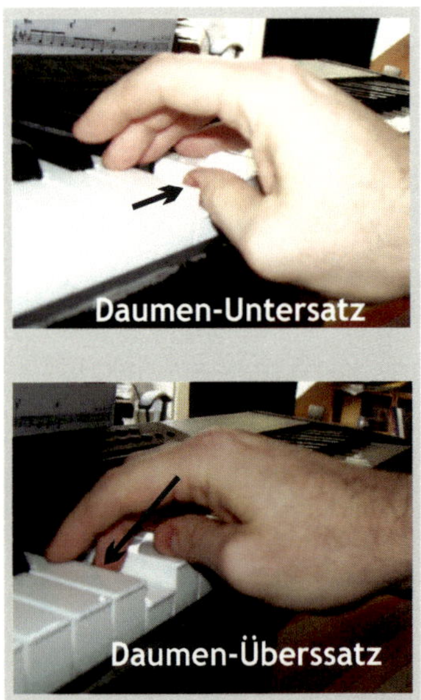

Die Finger

sollen eine Bogenstatik haben (als wenn Du eine halbe Orange in der Hand hältst), das erste Fingerglied soll nicht durchgedrückt werden (wichtig: kurze Nägel). Der (kurze) Nagel soll nicht aufsetzen und das erste Fingerglied weder nach vorne noch nach hinten kippen.
Der Kleine soll nicht passiv eingesetzt werden: Kippen der ganzen Hand + starke Schrägstellung der Finger: „Karatetechnik" vermeiden.
Zeige-, Mittel- und Ringfinger sollen sehr kurz vor den schwarzen Tasten aufgesetzt werden um kleine Wege und Raum für den Daumen zu erhalten.
Der Daumen und der Kleine sollen nicht hinter die Tasten und selten auf schwarze Tasten genommen werden. Vor- und Rückwärtsbewegungen während des Spieles können schrittweise auf die Finger verteilt werden, um Rutschpartien und ein Spielgefühl wie auf „Glatteis" zu vermeiden.

Bei verwaschenem Klangbild: auf exaktes Ablösen der Finger achten (Pedalfehler?). Bei Anspannung, Kontroll- und Timingproblemen hilft es locker staccato zu üben und langsam zum Legatospiel zurückzukehren. So wird die Hand gelockert und man sich der einzelnen Impulse eher bewusst.

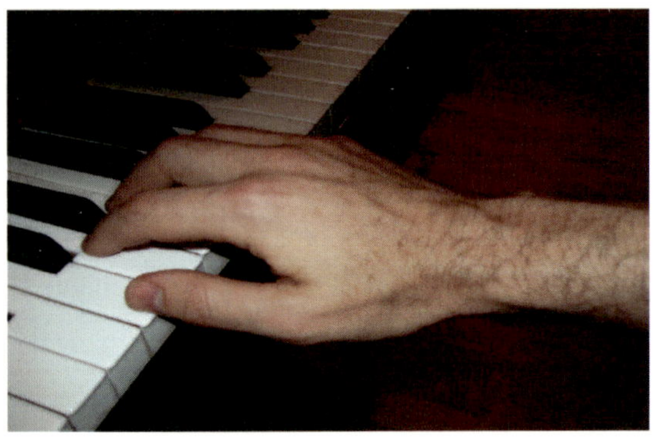

Kapitel 1

Stücke in der Mittel-C Position / die ersten 2-3 Monate:

Prelude (3 Töne)

Irish Song (5 Töne)

Vorzeichen

Lagentraining: Mittel-C-Position

Katharinas 1. Lied in Moll (Axel Kemper-Moll)

Indian Bloom (Axel Kemper-Moll)

Pilgerchor aus Tannhäuser (Richard Wagner)

Cancan, La vie parisienne (Jaques Offenbach)

Morning in Ireland

Imitation (A. Burkard)

Imitation in Moll (A. Burkard)

Offenbach am Meer

Im Tal träumt leise das Kind

Höre Dir die Hörbeispiele Download / CD genau an.
Spiele erst mit der Aufnahme, wenn Du es gut kannst!
Wenn Du alleine übst, spiele beim Mittel-C.
Beim Spiel mit der Lehrerstimme L / vierhändig spiele -> beim nächst höheren C!
(1 Oktave / 8 va höher)

Prelude

1

Lehrerstimme

Axel Kemper-Moll

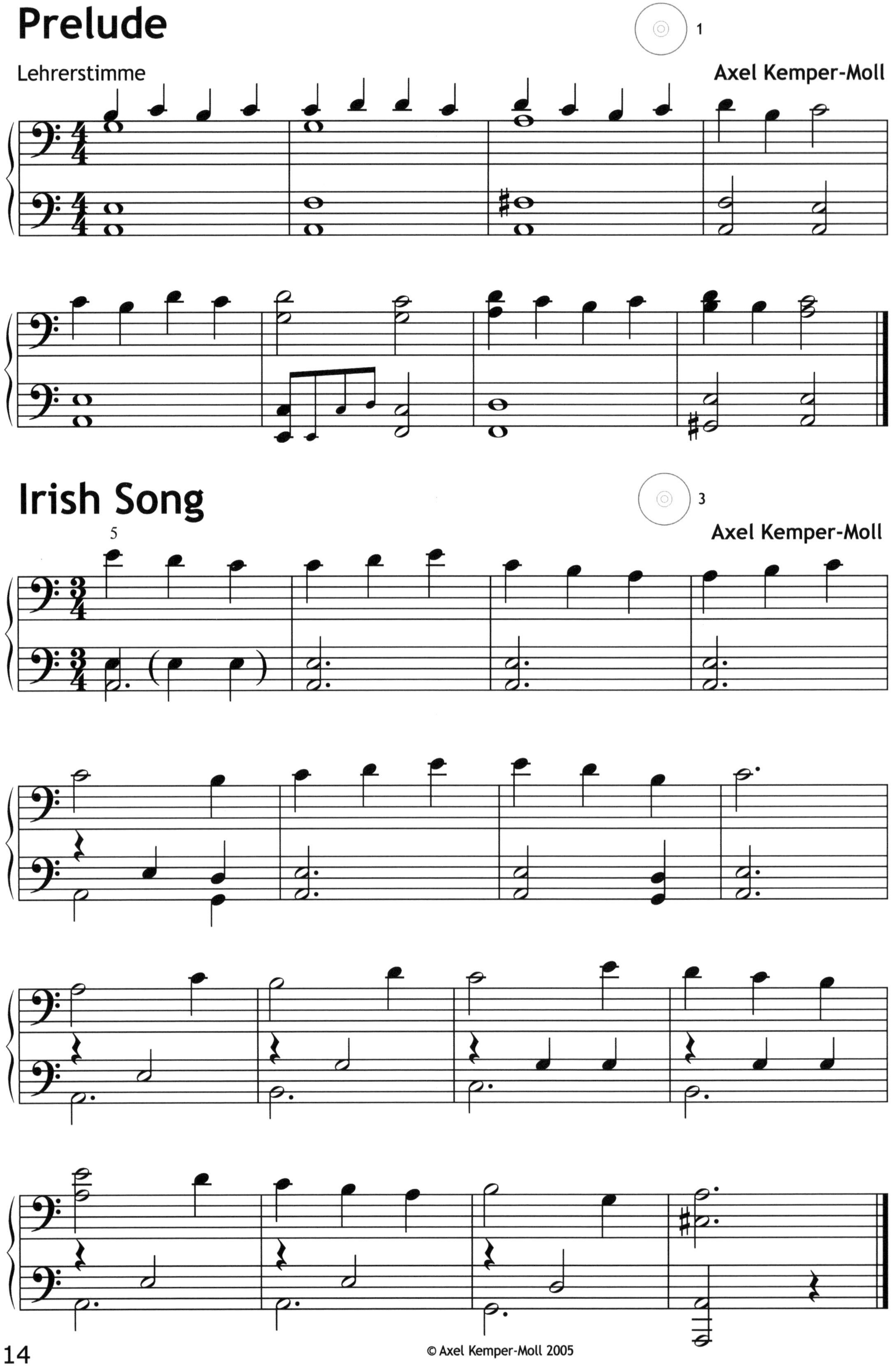

Irish Song

3

Axel Kemper-Moll

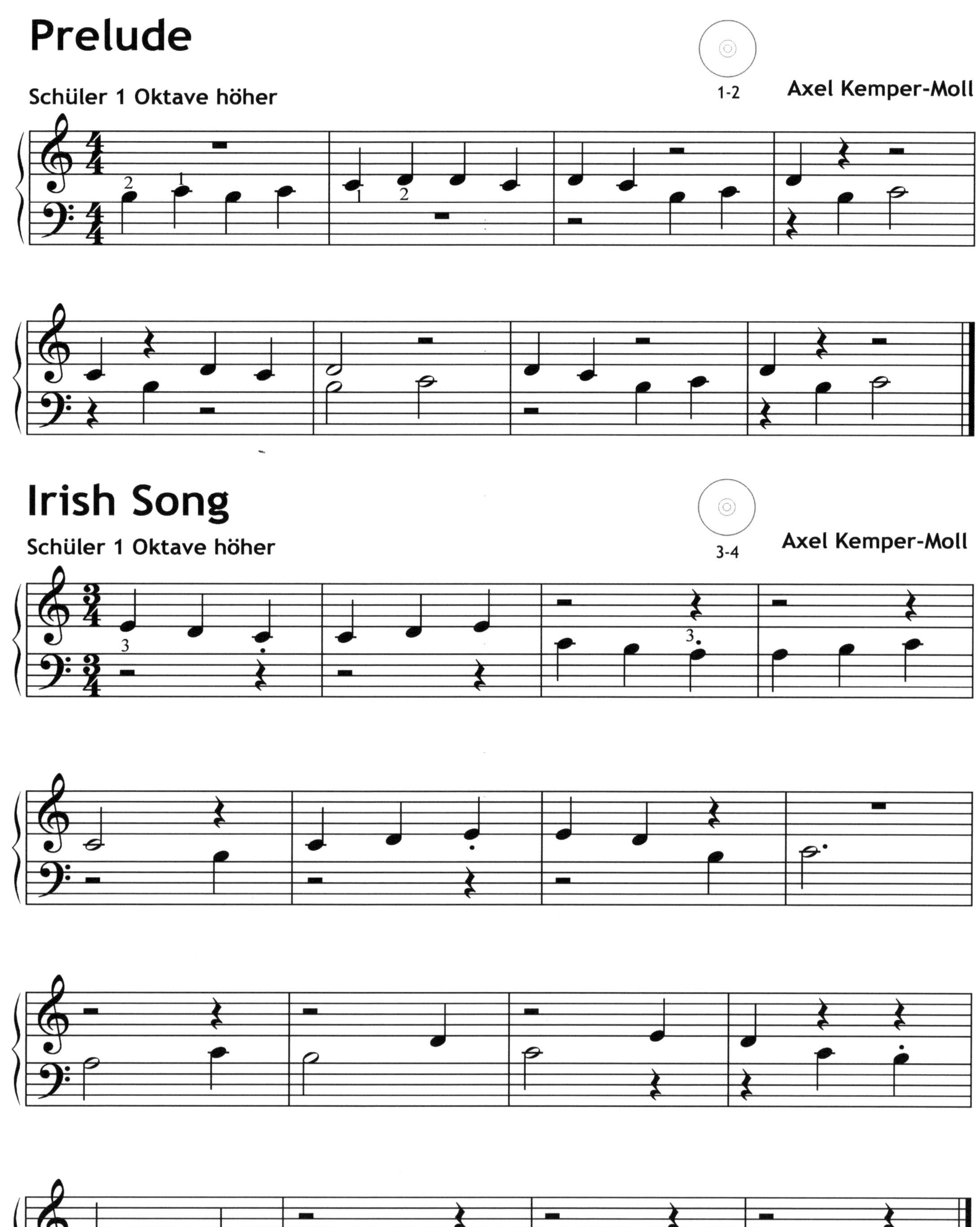

Achte darauf, dass Halbe (unausgefüllte mit Hals) 2 Zählzeiten gehalten werden. Zähle anfangs 1 2 3 4 (bein 3/4 Takt: Irishsong 1 2 3) od. schlage die Viertel mit dem linken Fuß (s. auch S.10). Spiele 1 Viertelnote / Zählzeit. Man kann legato (gebunden), verschiedene Noten könnte man kürzer nonlegato (mittel) od. staccato (kurz) spielen: z.B. die 3. Note in Takt 1 & 3 (Staccato Punkte) s. S.9. In den folgenden Stücken stehen zur Aktivierung des eigenen Gefühls nur die wichtigsten Punkte. Bewusst wurde deshalb auf Legatobögen, Staccatopunkte und viele Lautstärkenangaben, ... verzichtet. Permanentes Legato wäre langweilig, wie „nuscheln". Höre die Aufnahme, folge Deinem Gefühl und lass Dich inspirieren!

Vorzeichen

Ein # setzt einen Halbton hoch (nächste Taste ->) "is" wird an den Notennamen angehängt

Ein ♭-Vorzeichen setzt einen Halbton herunter (nächste Taste <-) "es" oder "s" (bei Vokalen) wird an den Notennamen angehängt. Ausnahme aus H wird im Deutschen B (int. B-flat).

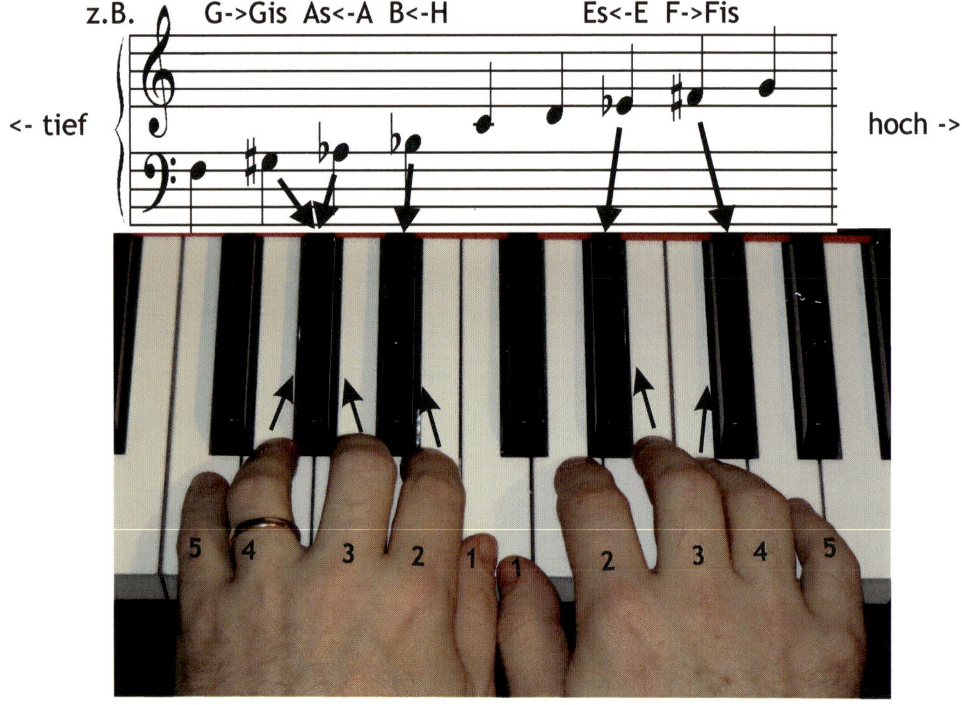

As würde mit dem mit dem 3. Finger, die selbe Taste Gis mit dem 4. Finger gespielt (s. Pfeile). Gis, As, B, Es und Fis werden hier mit demselben Finger gespielt, der für die Note ohne Vorzeichen verwendet würde.

Dass der gleiche Ton 2 Namen haben kann, bezeichnet man als enharmonische Verwechslung.

Ein Vorzeichen gilt immer für den ganzen Takt, wenn es am Zeilenanfang steht sogar für die ganze Zeile.

Deshalb braucht man das Auflösungszeichen: ♮

Lagentraining

Für die ersten Stücke werden beide Daumen auf dem Mittel-C liegen. Vorteil: die Noten sehen rechts wie links gleich aus (z.B. 3. / Mittelfinger: erste Linie geht mittendurch), wenn man sich zunächst nach Fingersätzen orientiert. (Lerne deshalb die Notennamen im 2. Schritt). Für jede neue Position/ Lage, findest Du im Folgenden ein Lagentraining, vor dem Spielen des jeweiligen Kapitels:

Eine 5-Fingerlage wird nach ihrem tiefsten Ton benannt:

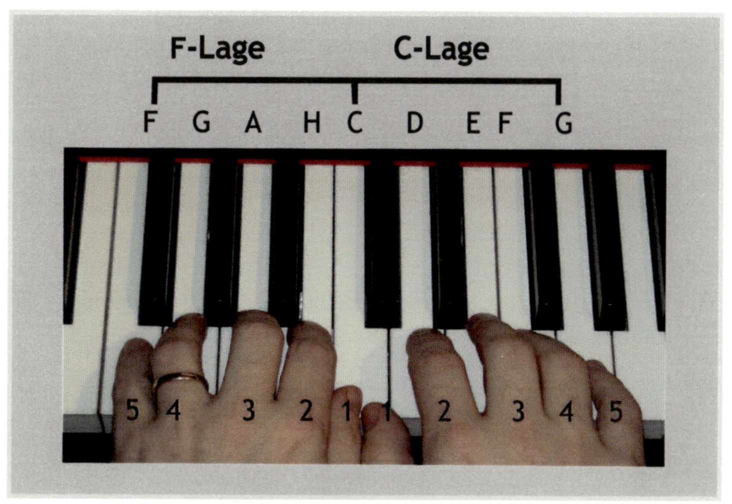

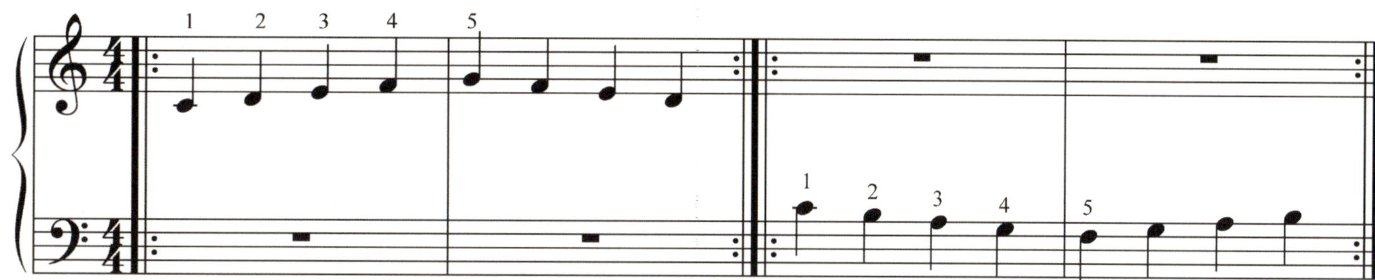

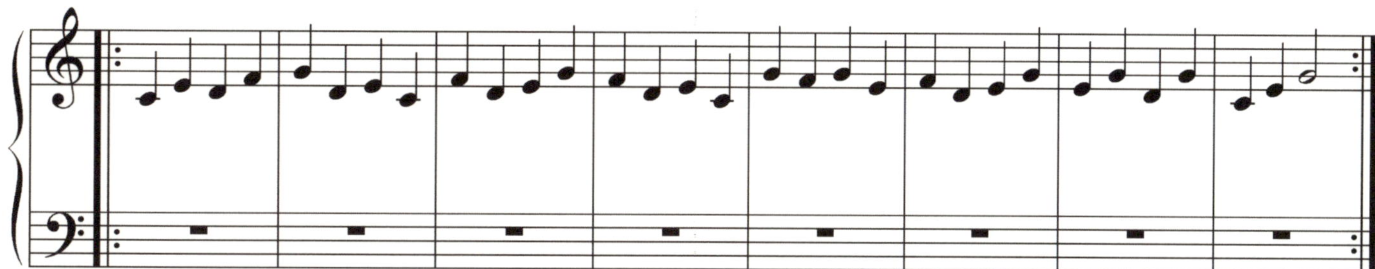

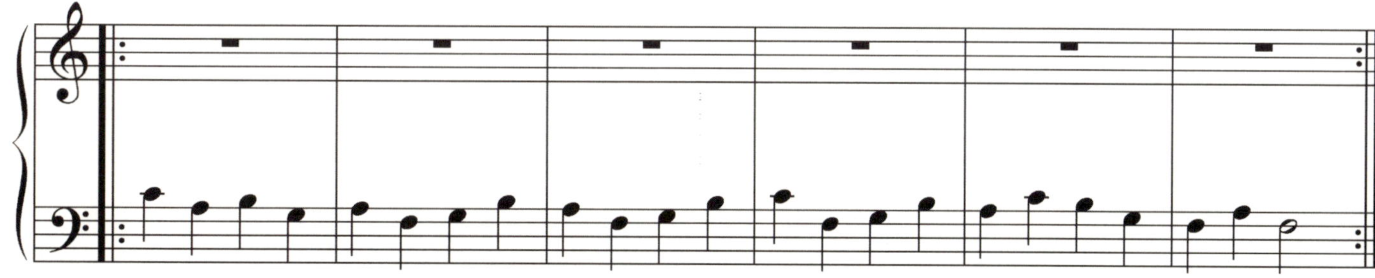

Ein Wiederholungszeichen ||: :|| bedeutet, ein Abschnitt soll wiederholt werden. Ein Wiederholungszeichen alleine :|| heißt: wiederhole vom Anfang und spiele weiter od. stoppe am Ende.

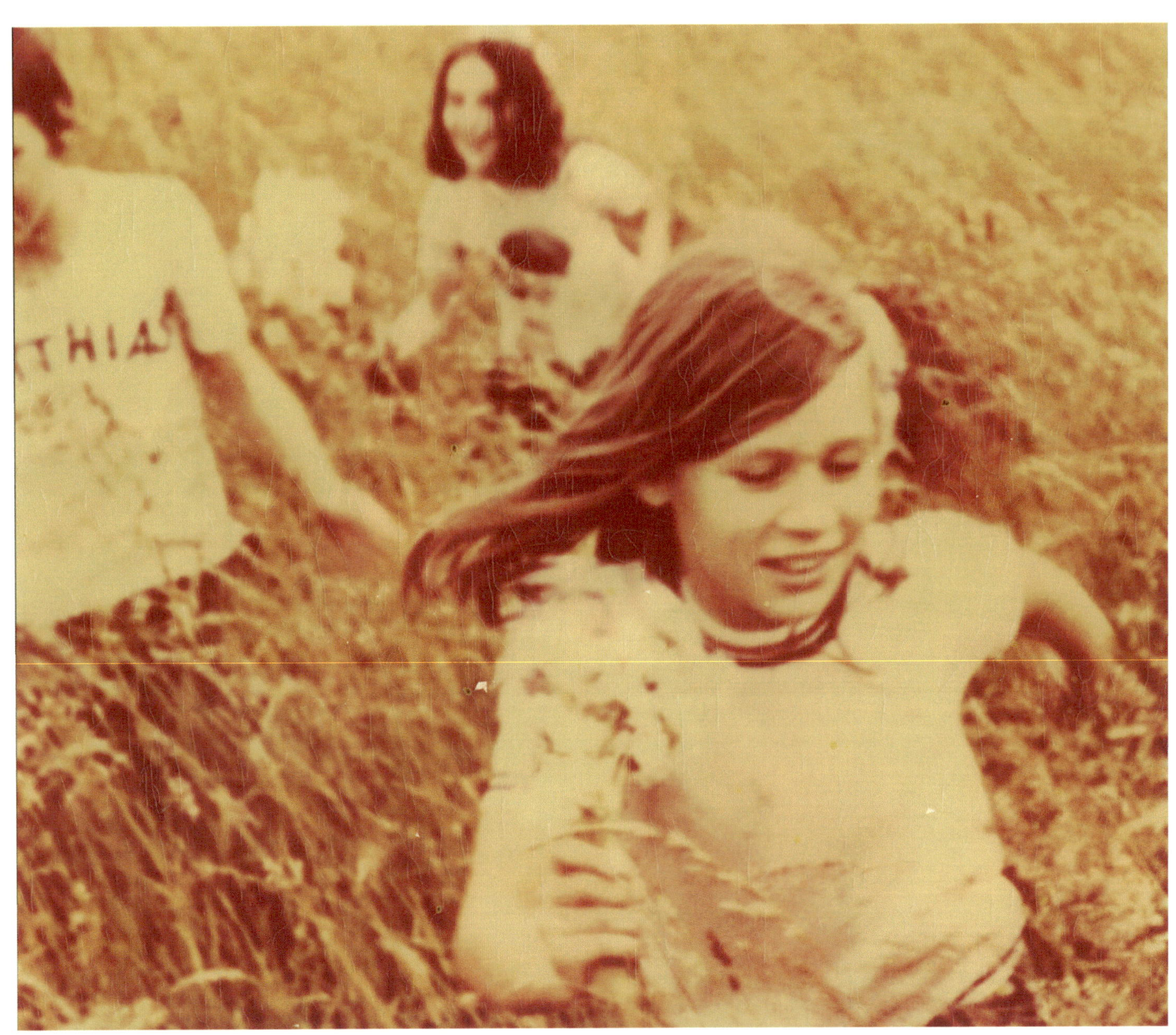
THIA

Katharinas 1. Lied in Moll

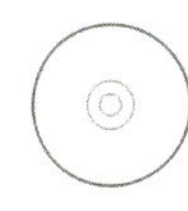
5-7

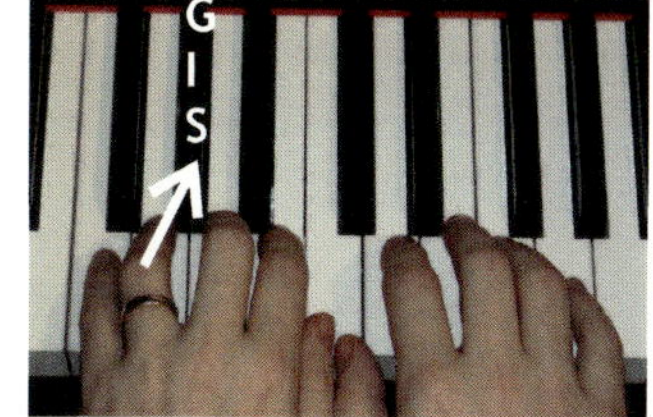

Schülerstimme 1 Oktave höher

Axel Kemper-Moll 2001

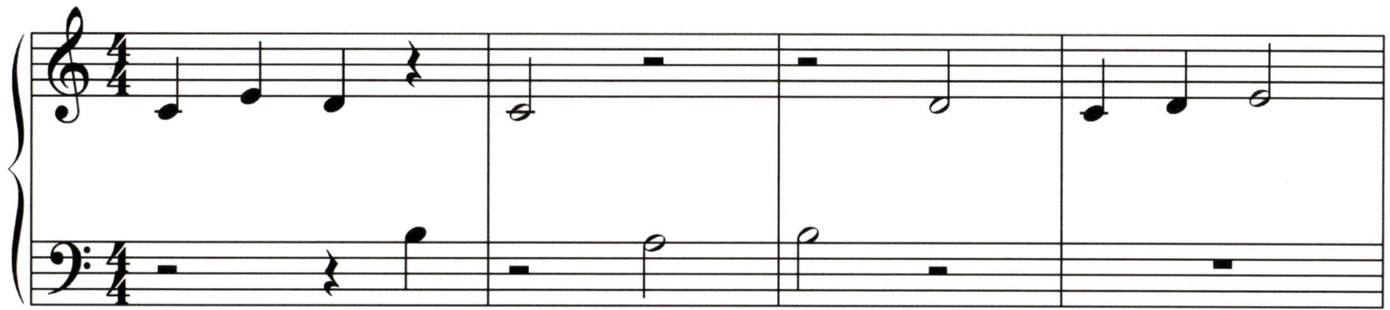

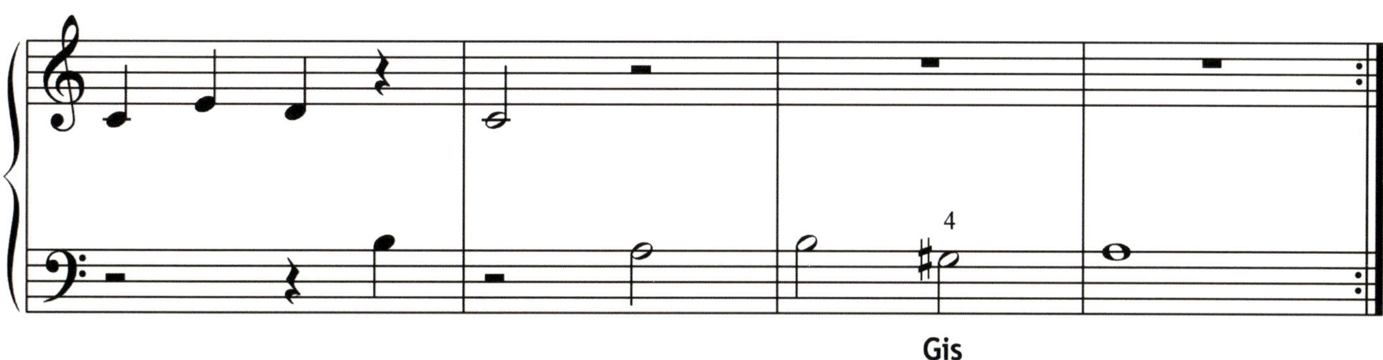

Lehrer

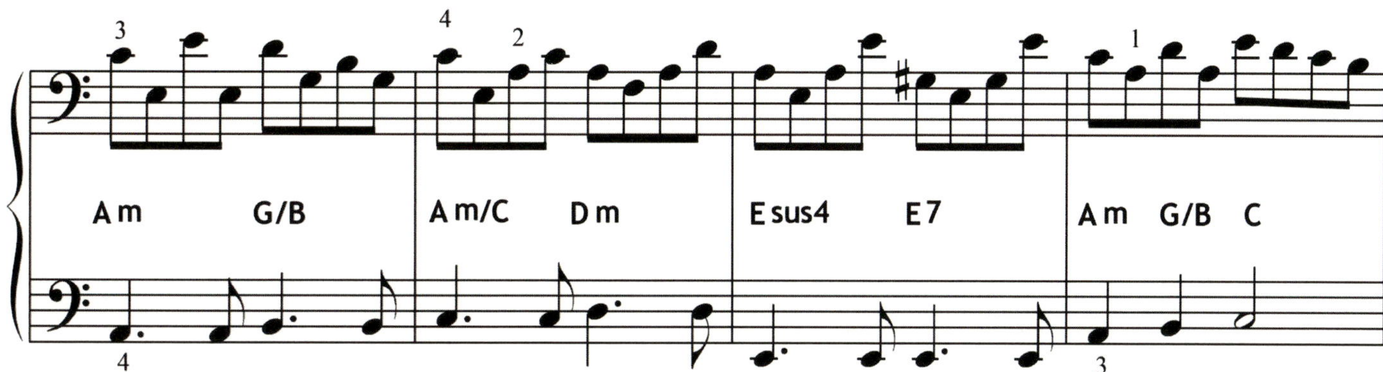

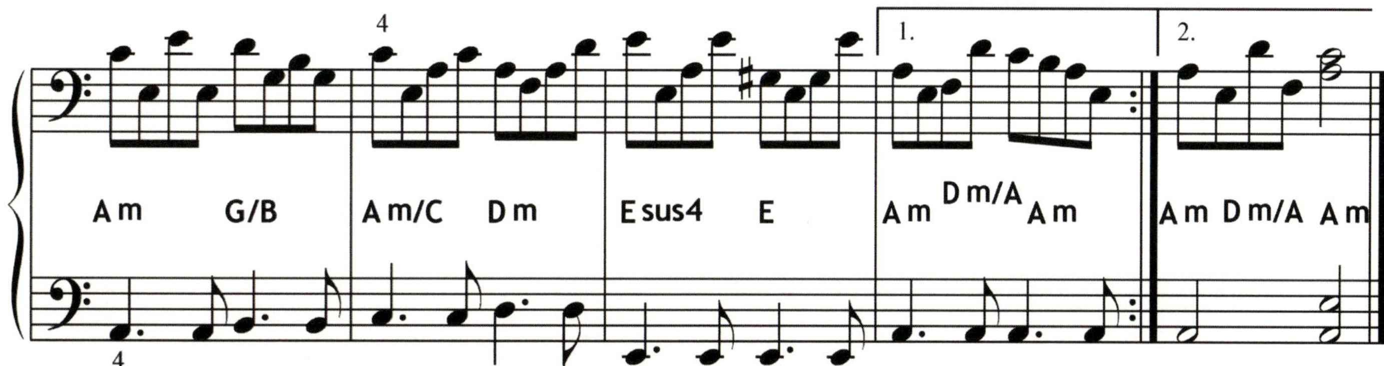

Spiele das C-Lagentraining (S. 17) und erst mit der CD, wenn Du es gut kannst. Wenn Du alleine übst, spiele beim Mittel-C. Beim Spiel mit Lehrerstimme L spiele beim nächsten C -> (+ 1 Oktave) höher. Bei der vorletzten Note geht der 4. Finger auf die schwarze Taste s. Foto. Achte darauf, dass Halbe (unausgefüllt mit Hals) 2 Pulsschläge gehalten werden. Zähle anfangs 1 2 3 4 (od. schlage die 4/4 mit dem linken Fuß). Merke Dir die Melodie und spiele bald, ohne zu Zählen. Lehrer/ innen können anhand der Akkorde zunächst eine einfachere Lehrerstimme spielen. Erklärung Akkorde s. Band III (od. Jazz & Pop-Harmonielehre von Axel Kemper-Moll / Voggenreiter)

Indian Bloom

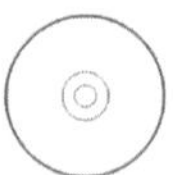

Lehrer

Axel Kemper-Moll2005

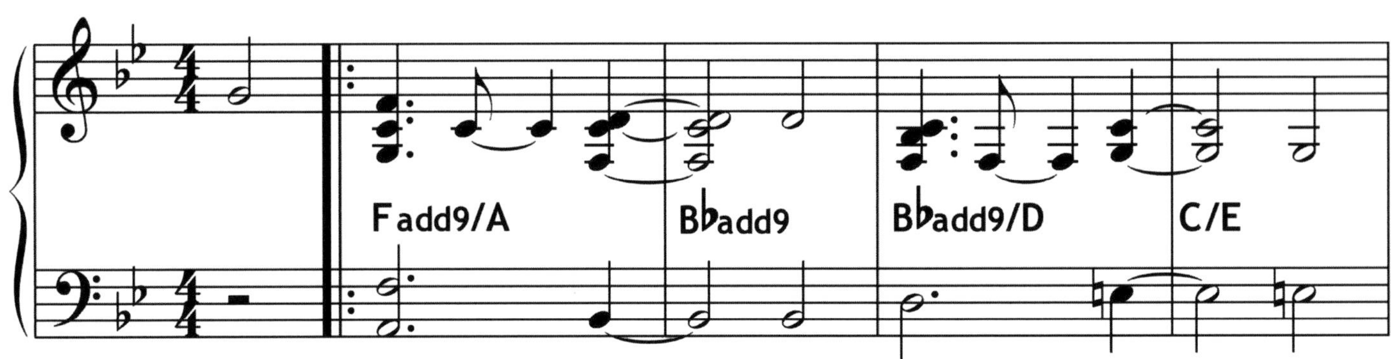

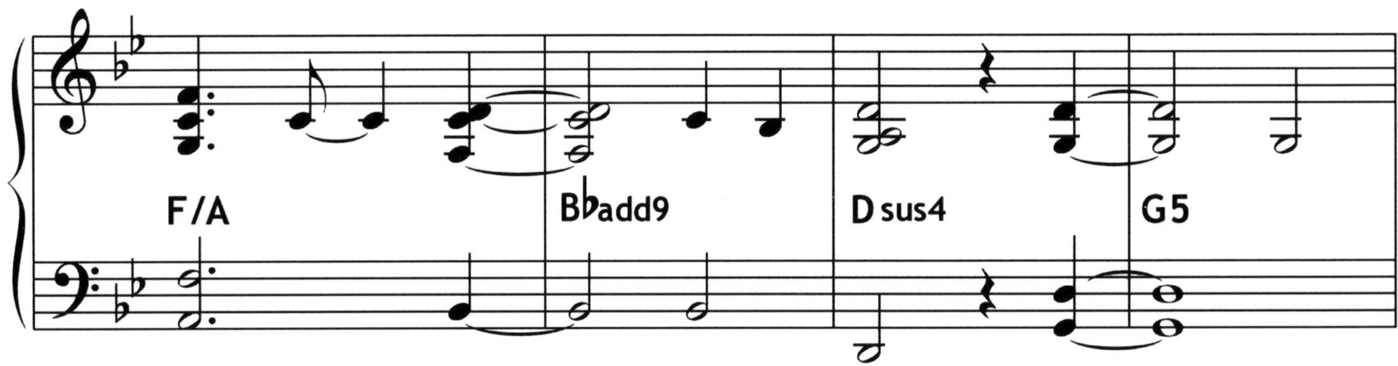

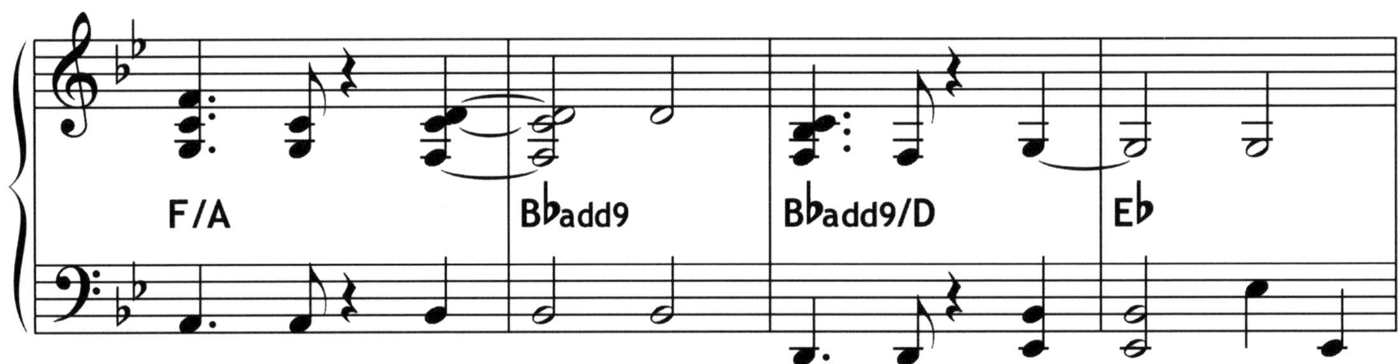

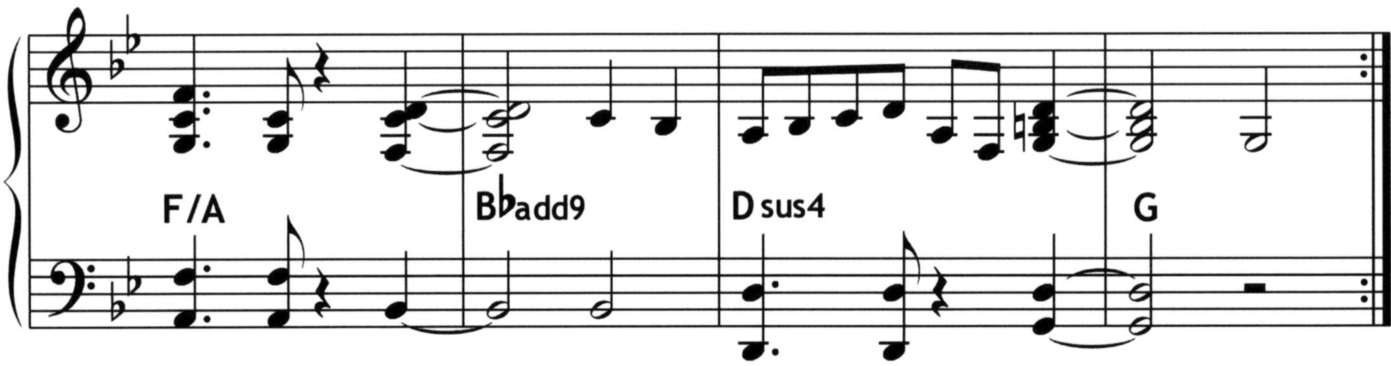

Lehrer können zur Vereinfachung anstelle der Vorgezogenen auf 2 + &4 auch auf Zählzeit 3 & 1 spielen

Indian Bloom

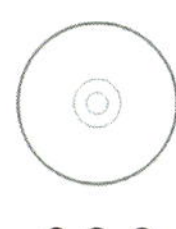

9 & 8

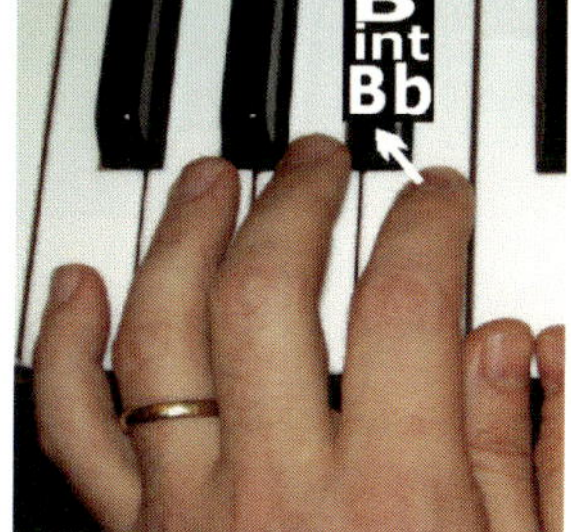

Schülerstimme 1 Oktave höher

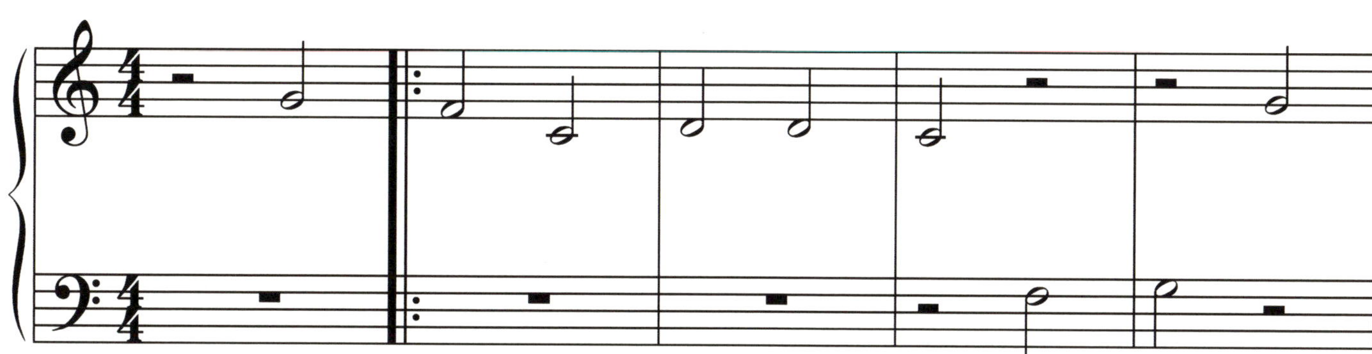

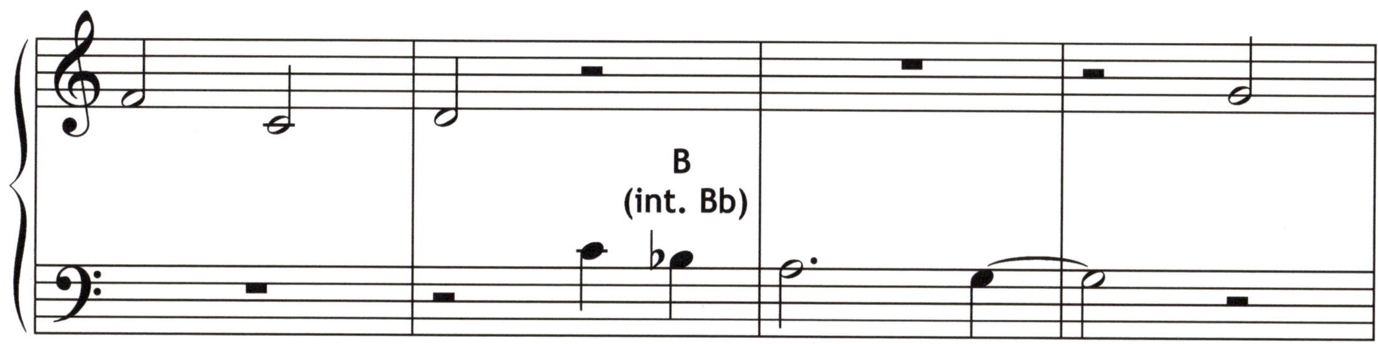

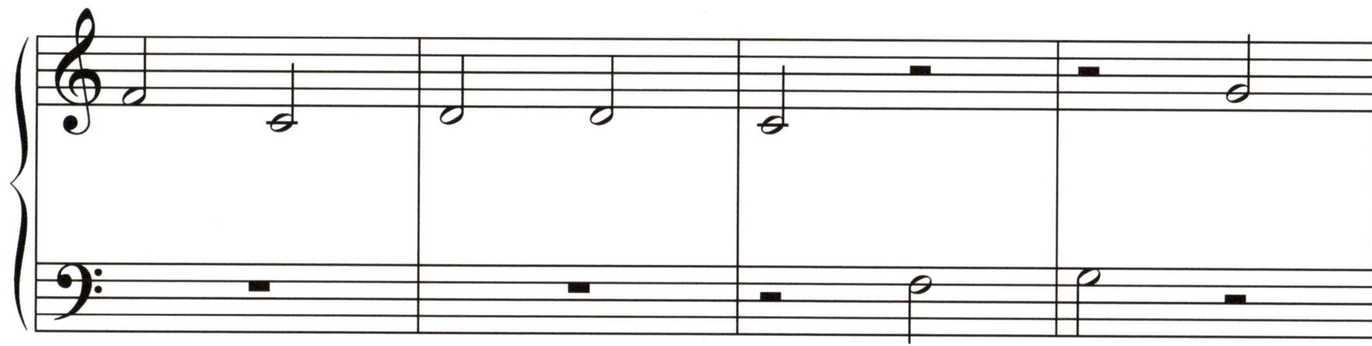

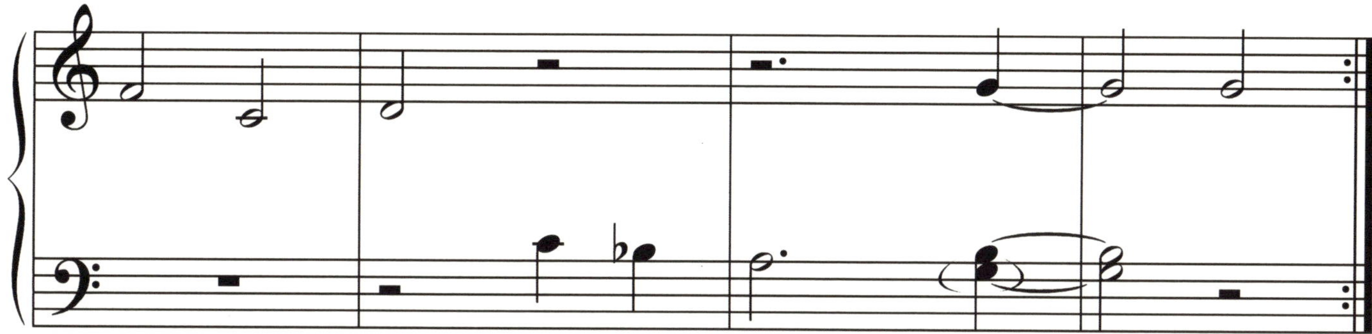

Punktierte Noten & Haltebogen

Eine punktierte Note (Punkt hinter der Note) wird um die Hälfte Ihres Wertes verlängert. Dh. die punktierten Halben werden 3 Schläge gehalten.

Ein Haltebogen verbindet zwei gleiche Noten d.h., die zweite Note wird nur gehalten und nicht noch einmal angeschlagen.

Indian Bloom

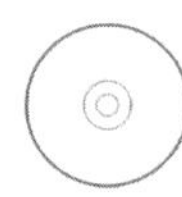

Axel Kemper-Moll 2005

1 + 2 + 3 + 4 +

5
1
4
2
3 5
5

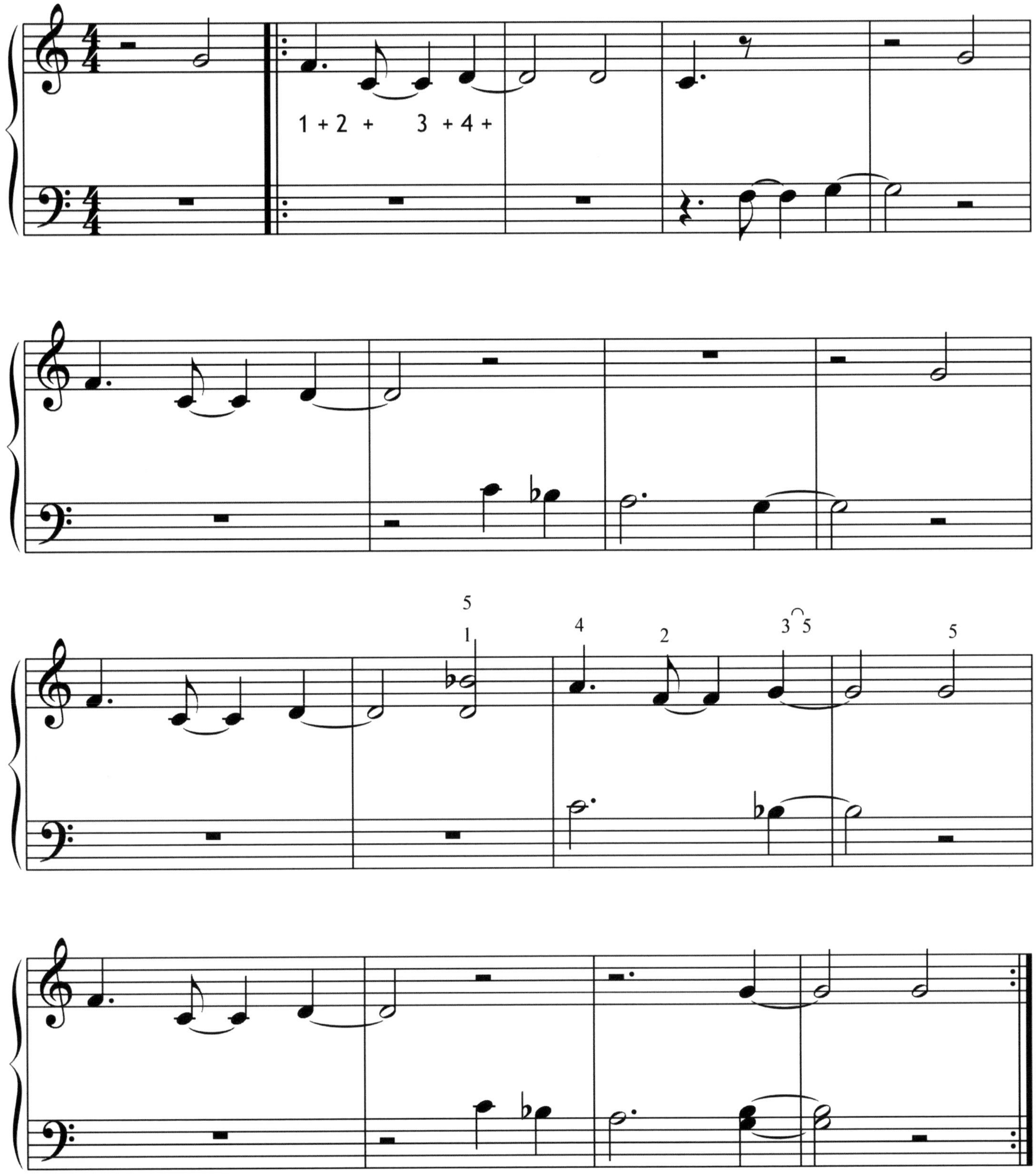

Hier ist die Melodie so notiert, wie sie auf der CD zu hören ist. Diese Version ist wahrscheinlich für die meisten Einsteiger zu schwer. Du kannst versuchen, den etwas komplizierten Rhythmus durch Hören der CD zu lernen. Man kann aber auch sehr gut die Version mit den halben Noten (s. vorige Seite) spielen.

Pilgerchor aus Tannhäuser

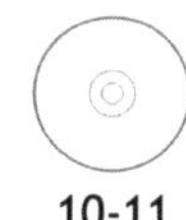

Richard Wagner (1813-1883)
Bearbeitung: Axel Kemper-Moll

Schüler 1 Oktave höher

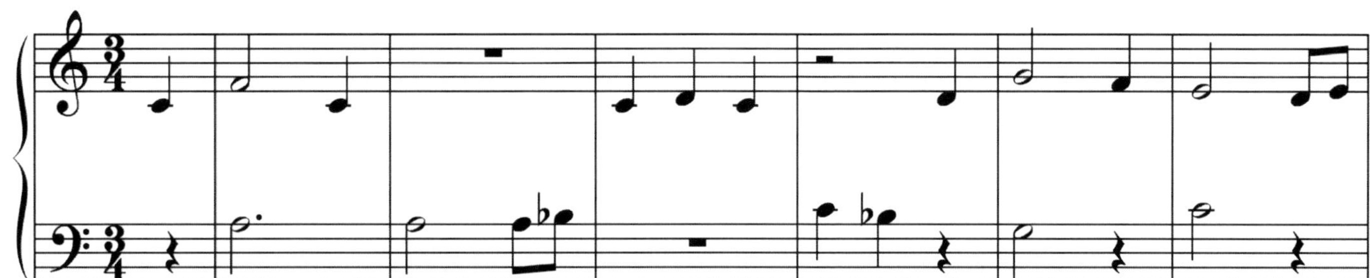

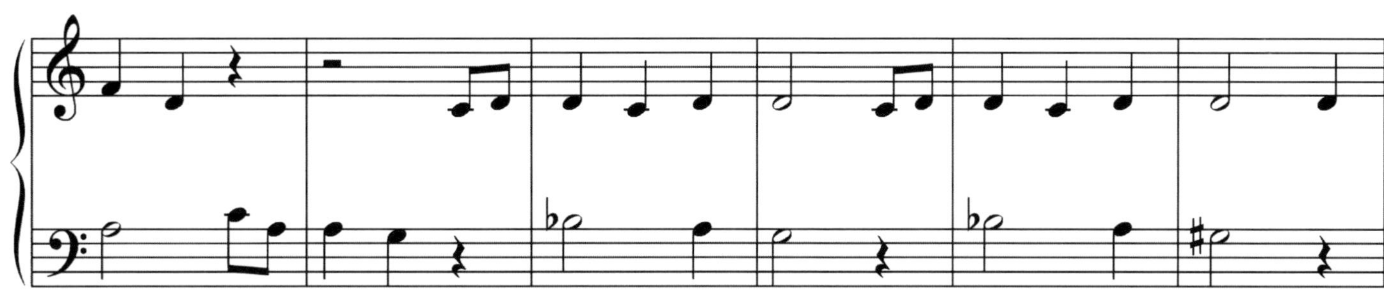

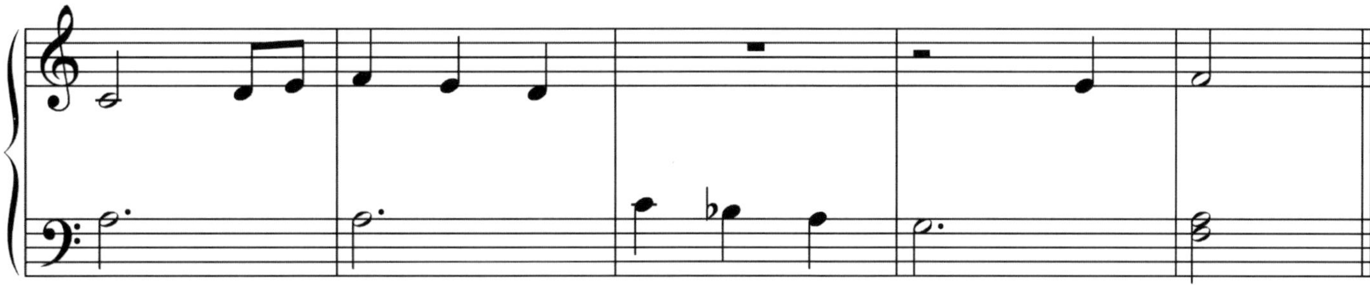

Lehrer

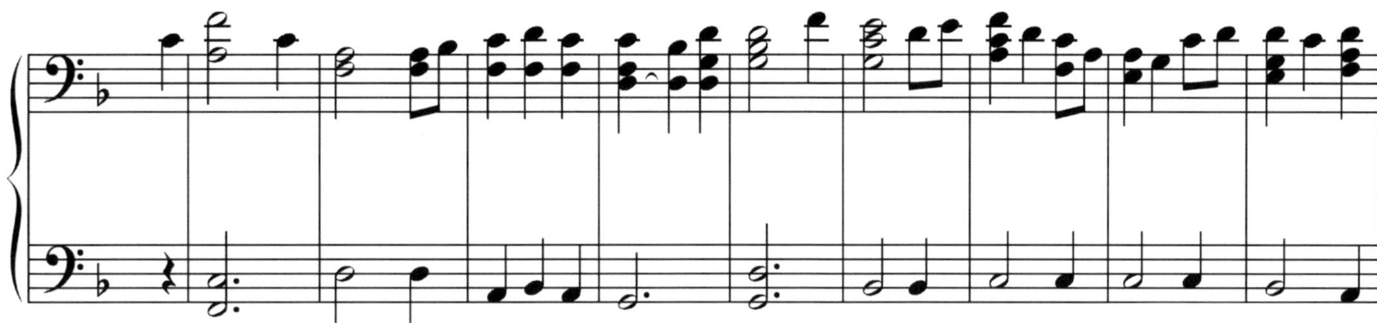

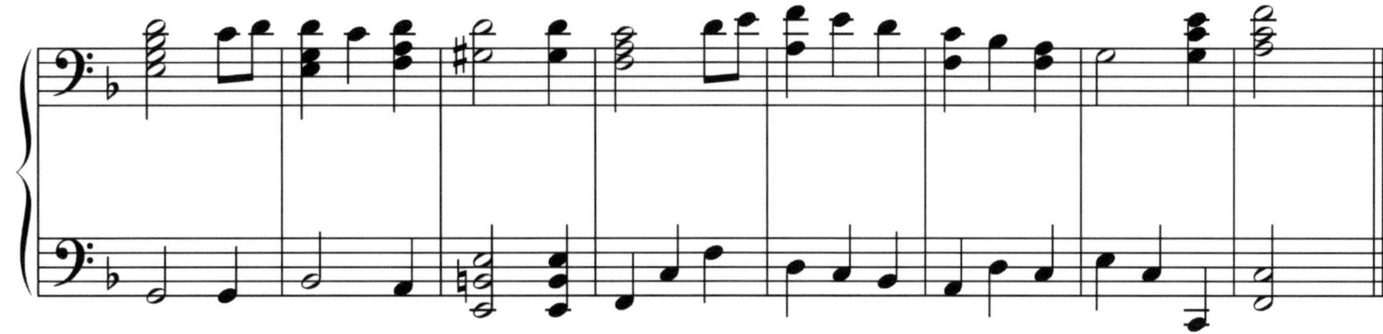

Cancan "La Vie Parisienne"

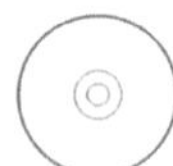

Komp.: Jaques Offenbach
Bearbeitung: Axel Kemper-Moll

Lehrer

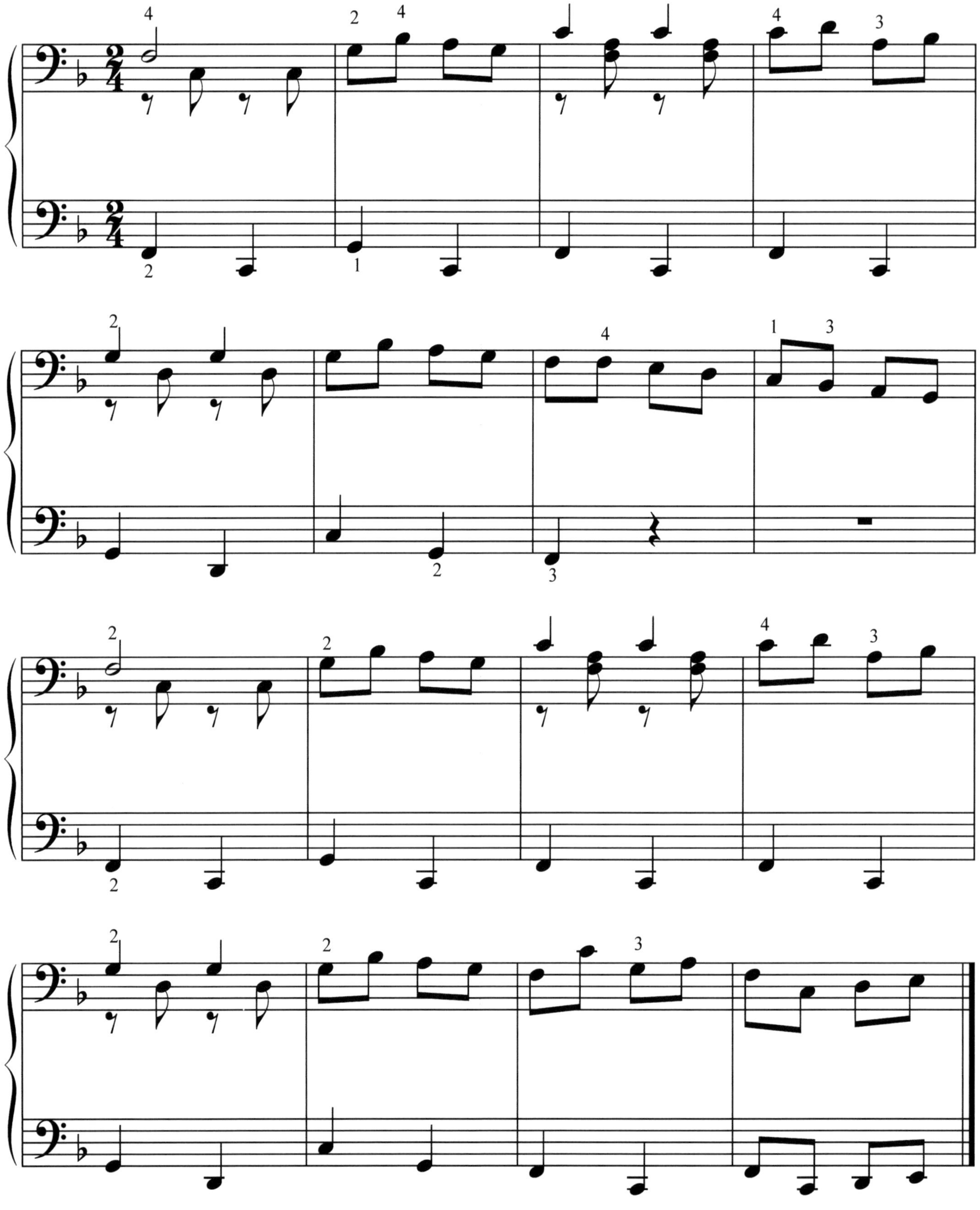

Cancan "La Vie Parisienne"

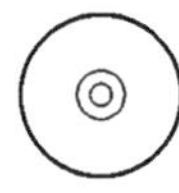

Schüler 8 va

Komp.: Jaques Offenbach
Bearbeitung: Axel Kemper-Moll

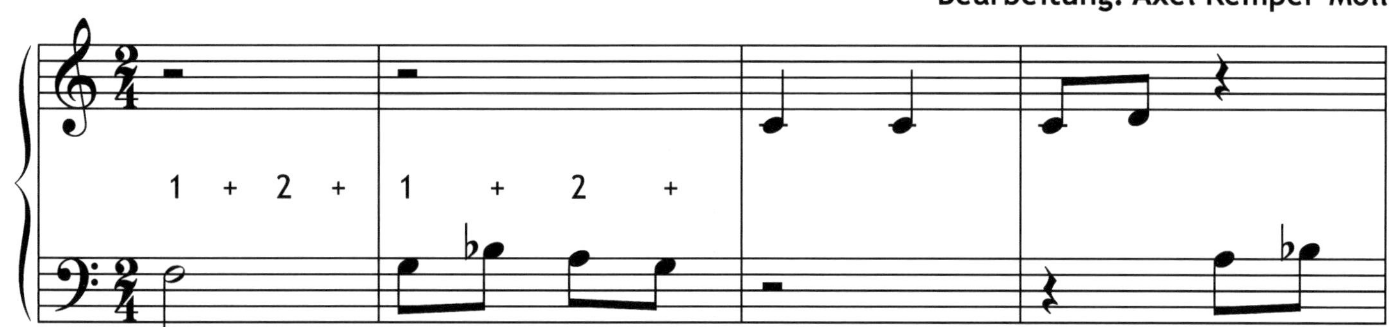

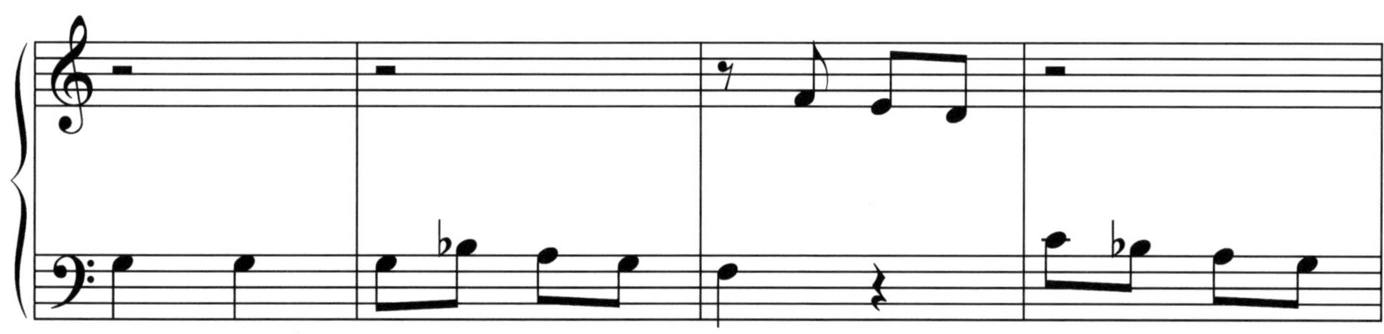

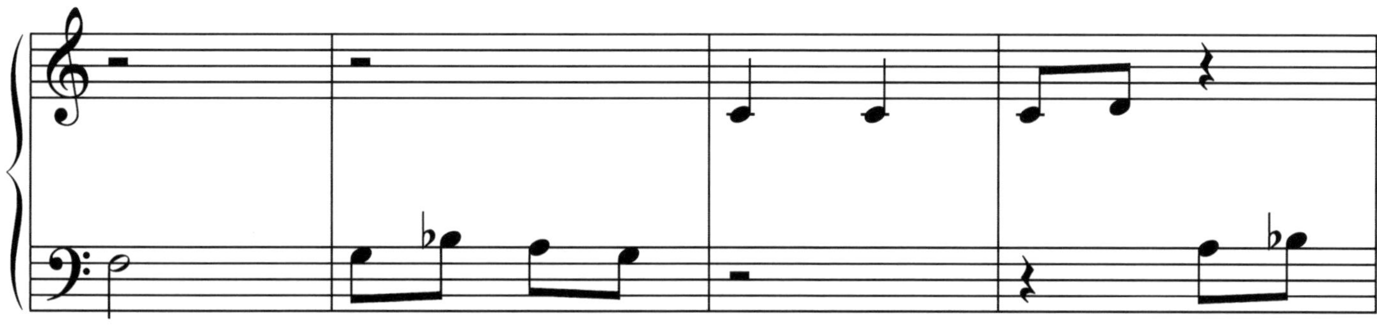

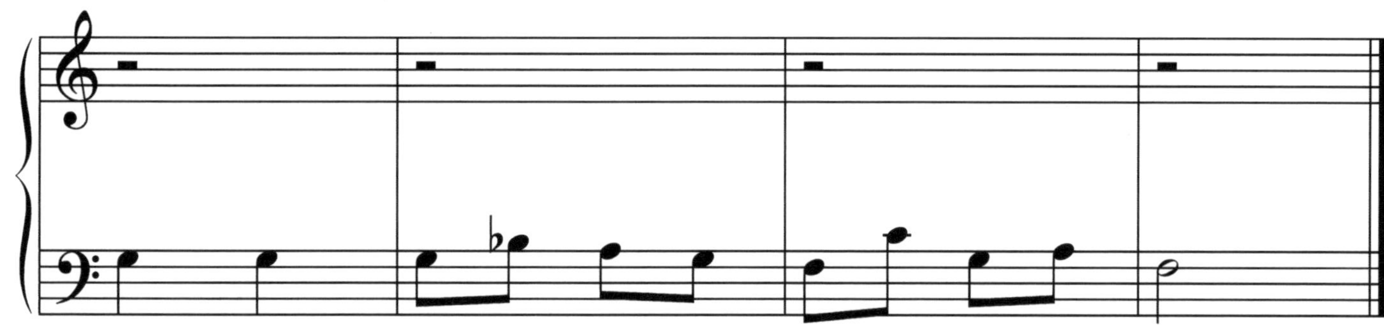

Morning in Ireland

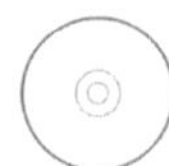

Lehrer

Traditional
Bearbeitung: Axel Kemper-Moll

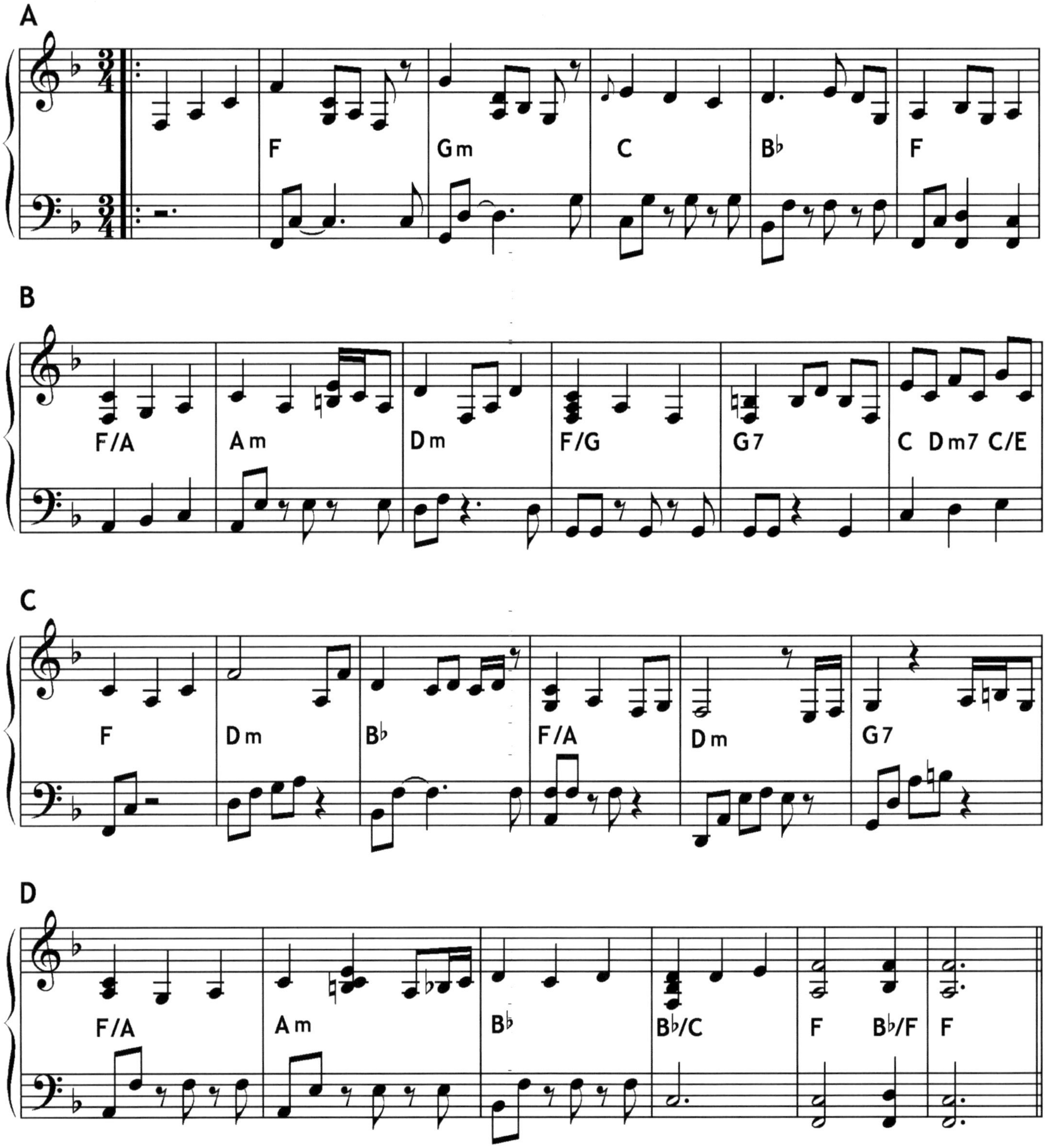

A

F | Gm | C | B♭ | F

B

F/A | Am | Dm | F/G | G7 | C Dm7 C/E

C

F | Dm | B♭ | F/A | Dm | G7

D

F/A | Am | B♭ | B♭/C | F B♭/F | F

Bis der Schüler stabiler spielt, kann der Klavierlehrer die Schülerstimme mitspielen. Beim Wechsel zur 4-händigen Version, könnte man zunächst eine reduzierte oder anhand der Akkordsymbole eine einfachere Lehrerstimme spielen.

Morning in Ireland

14-16

Schüler

Traditional
Bearbeitung: Axel Kemper-Moll

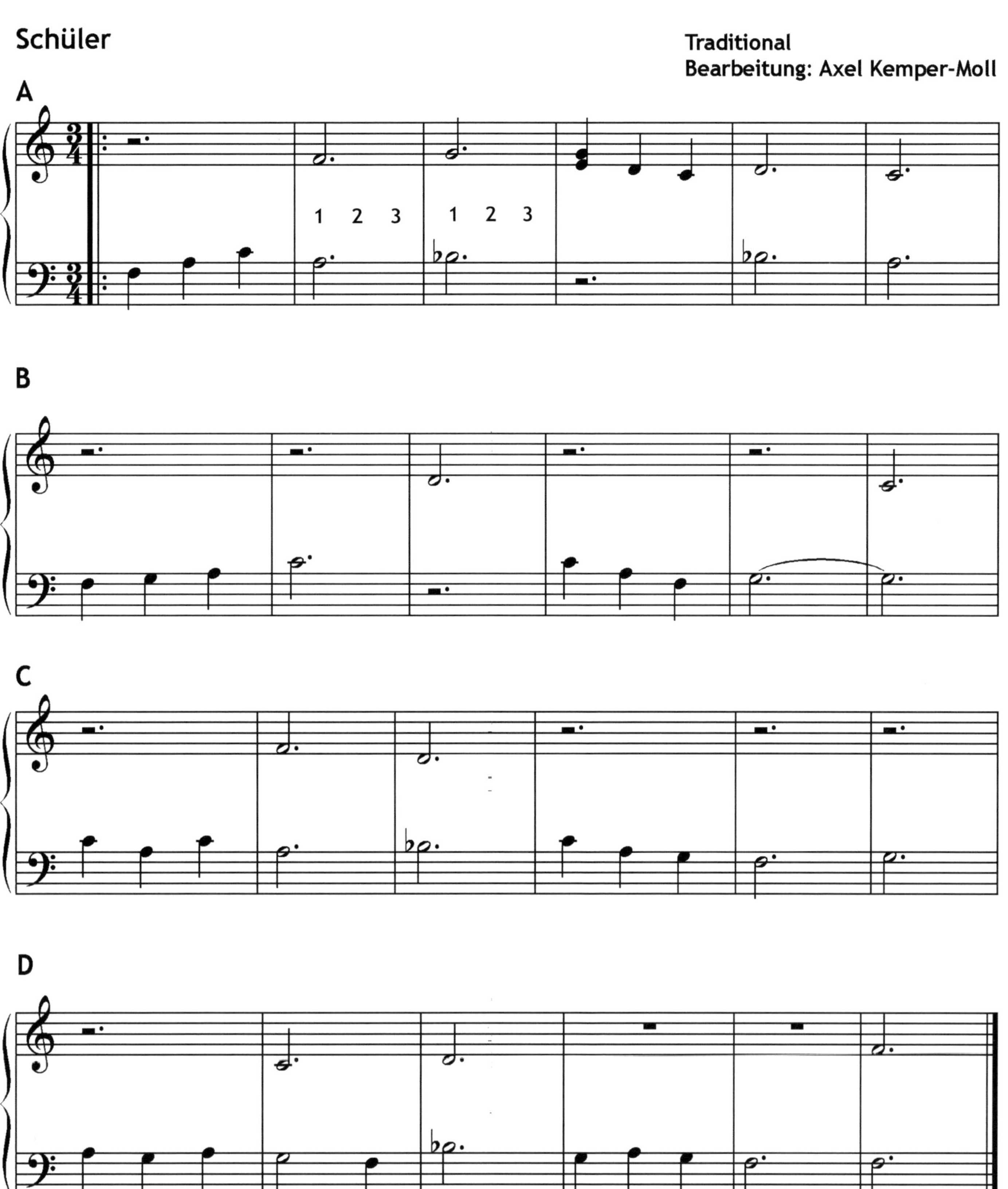

Die Halben werden 2 Schläge, die punktierten Halben werden 3 Schläge gehalten, zähle: 1 2 3

Imitation

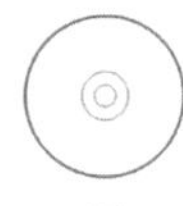

A. Burkard
Bearbeitung: Axel Kemper-Moll

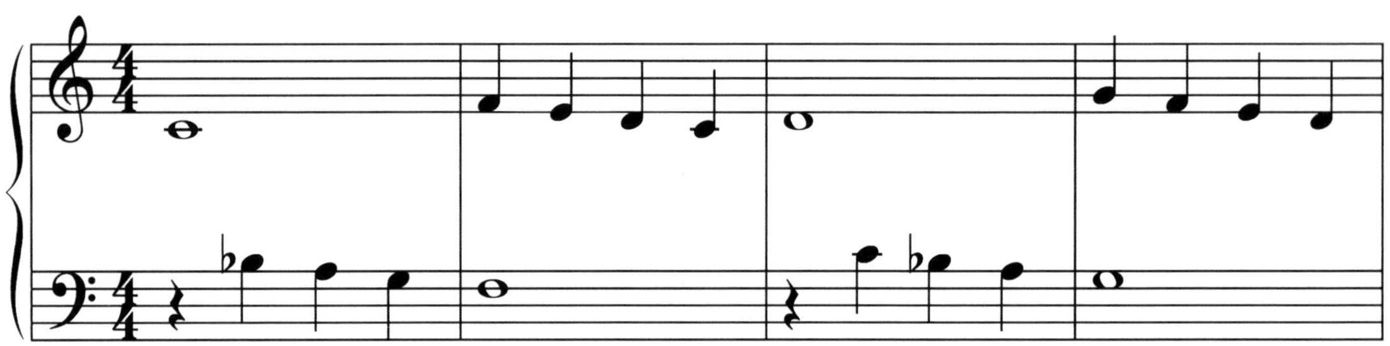

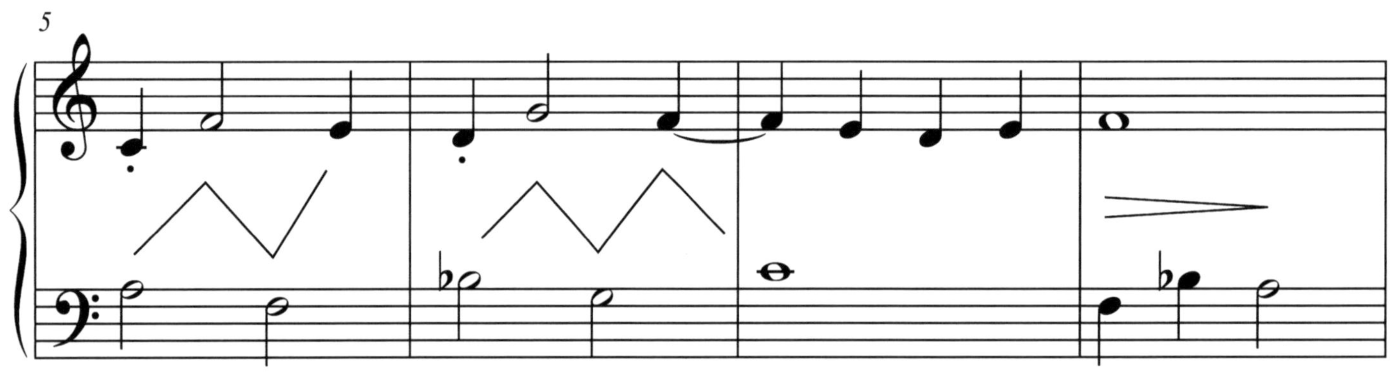

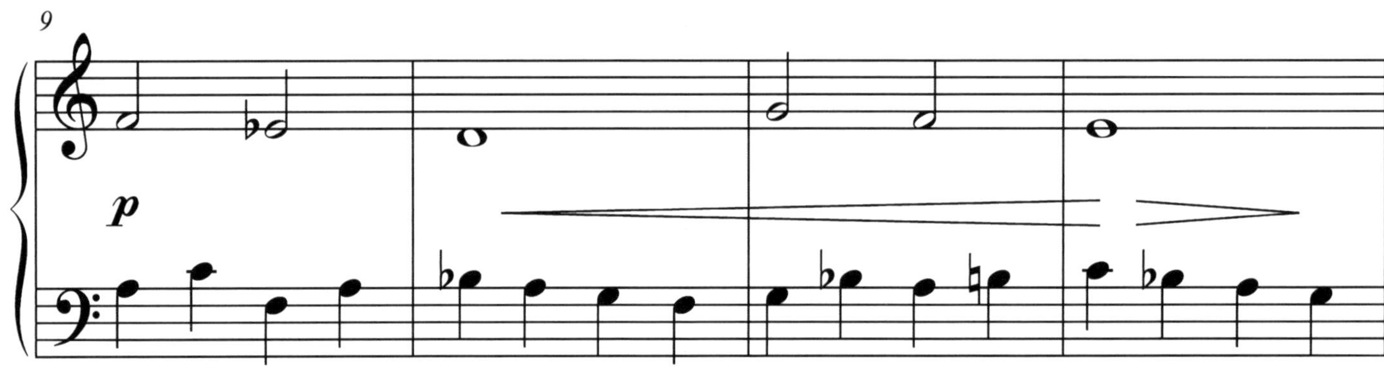

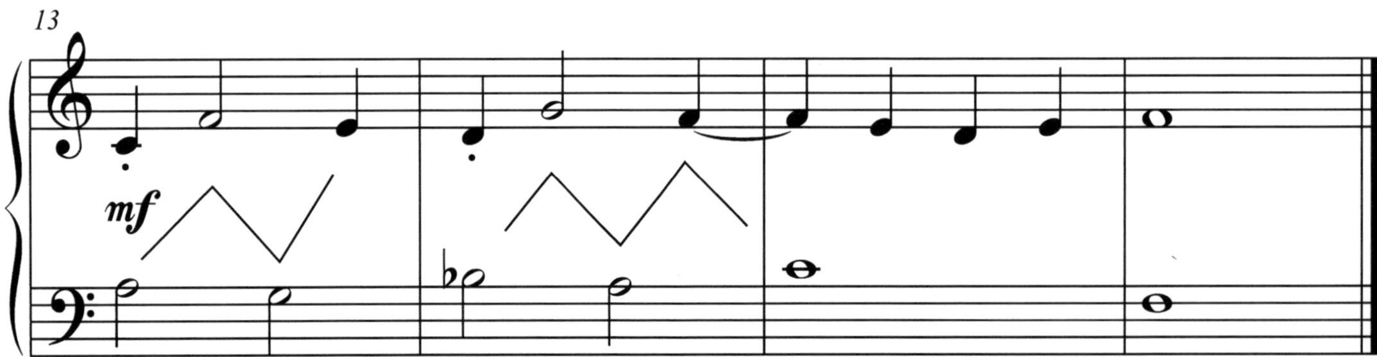

Imitation in Moll

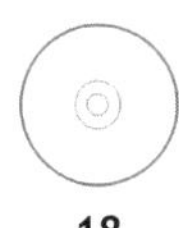

A. Burkard
Bearbeitung: Axel Kemper-Moll

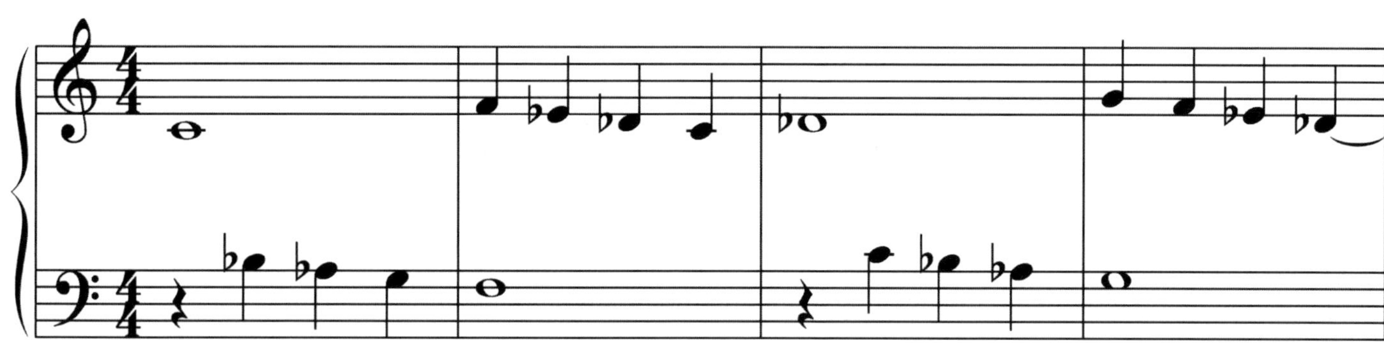

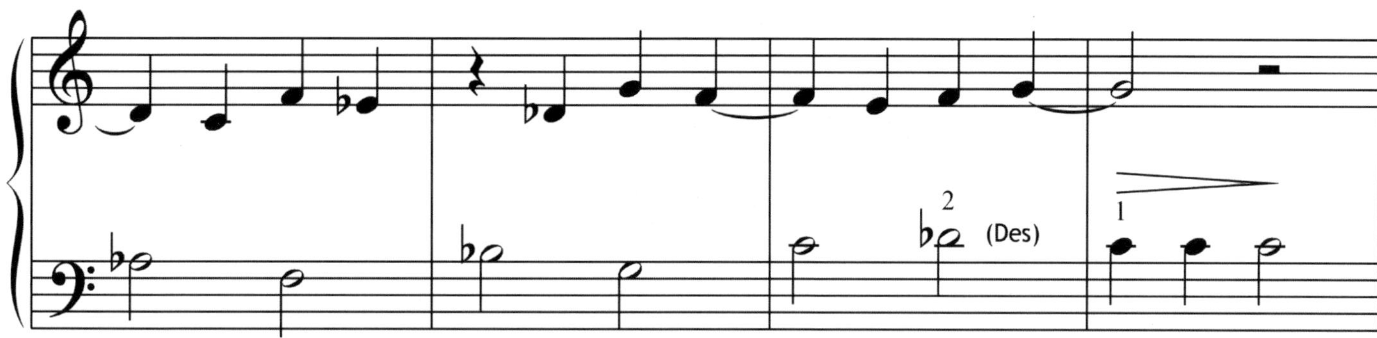

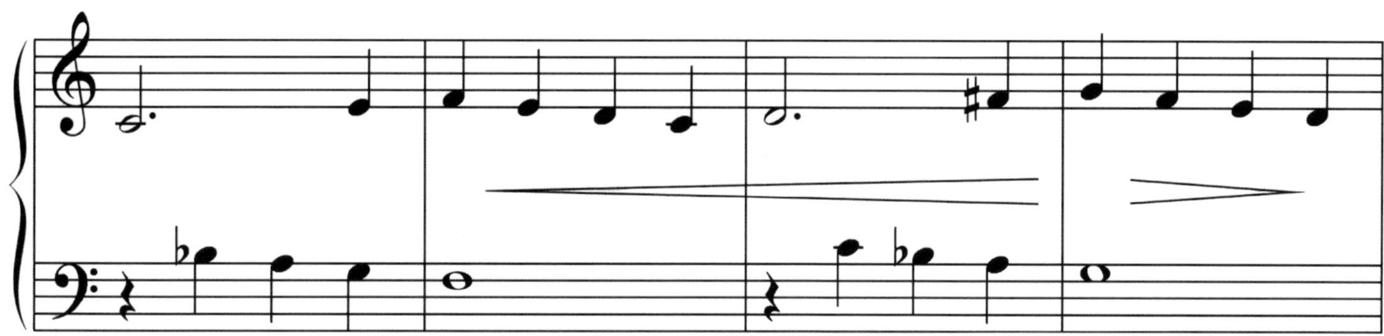

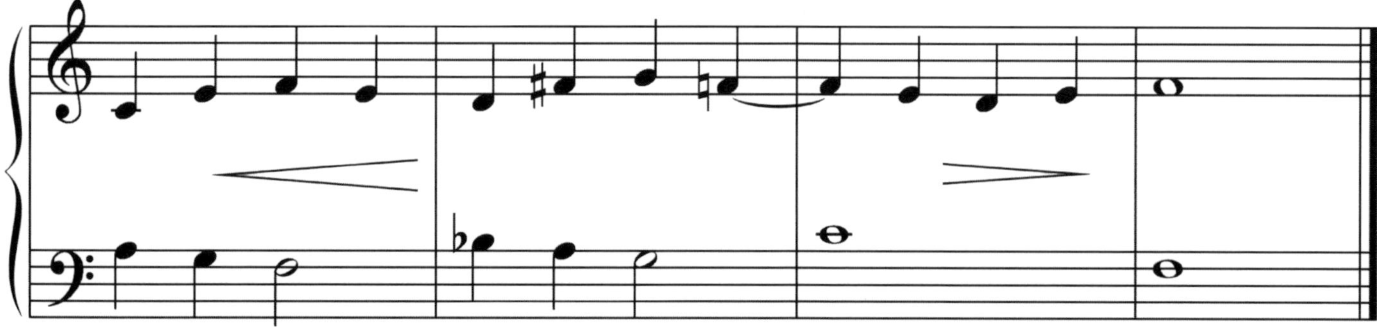

Die Finger bleiben zunächst auf den schwarzen Tasten liegen

Offenbach am Meer

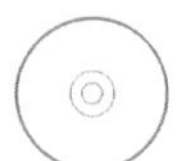

Lehrer (od. anhand der Akkordsymbole + Melodie s. Schülerstimme) **Axel Kemper-Moll 2017**

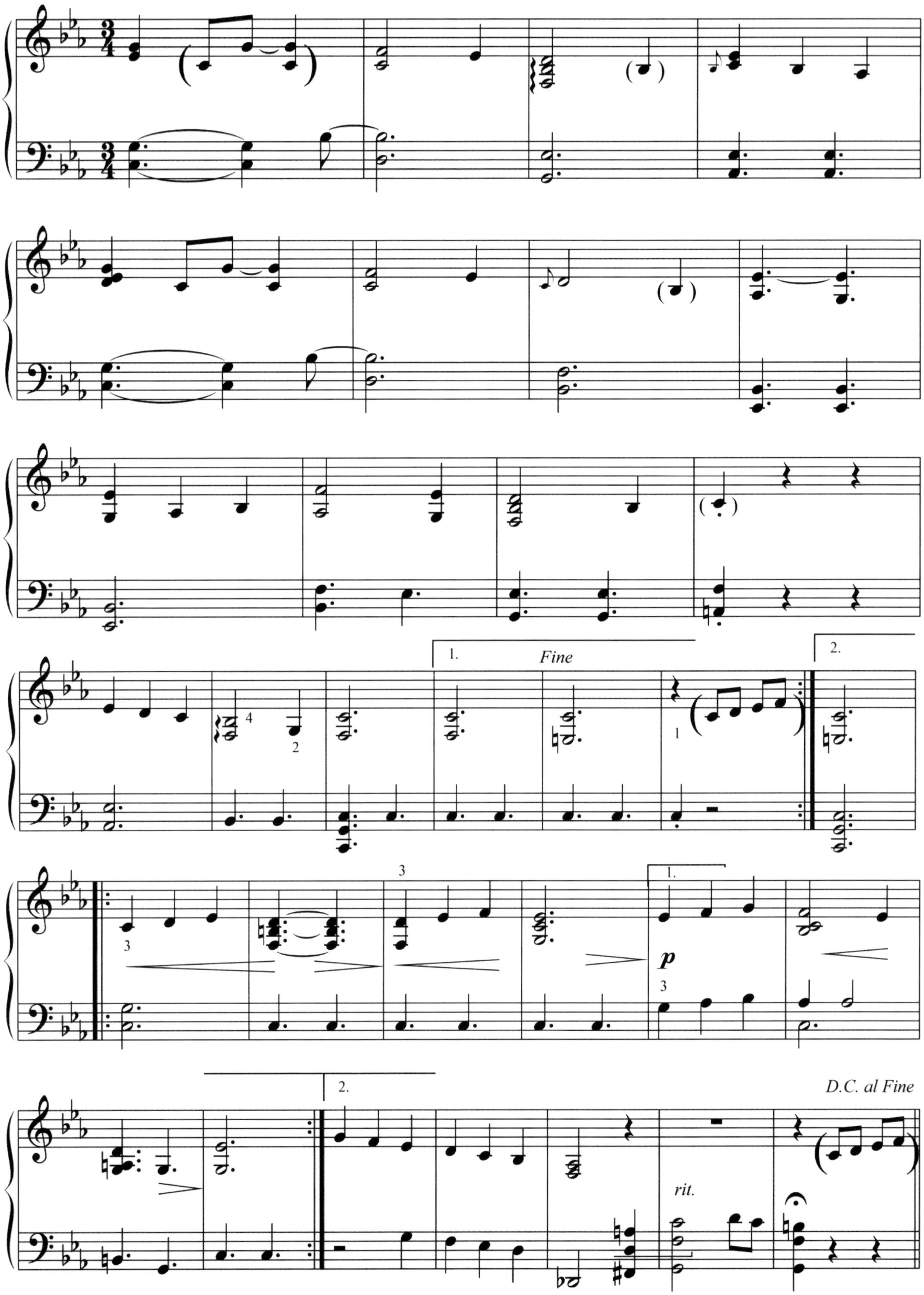

1. Fine 2.

3 1. p

2. D.C. al Fine rit.

Erklärung Akkorde s. Band III (od. Jazz & Pop-Harmonielehre von Axel Kemper-Moll / Voggenreiter)

Offenbach am Meer

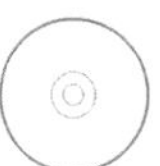

Schüler

Axel Kemper-Moll 2017

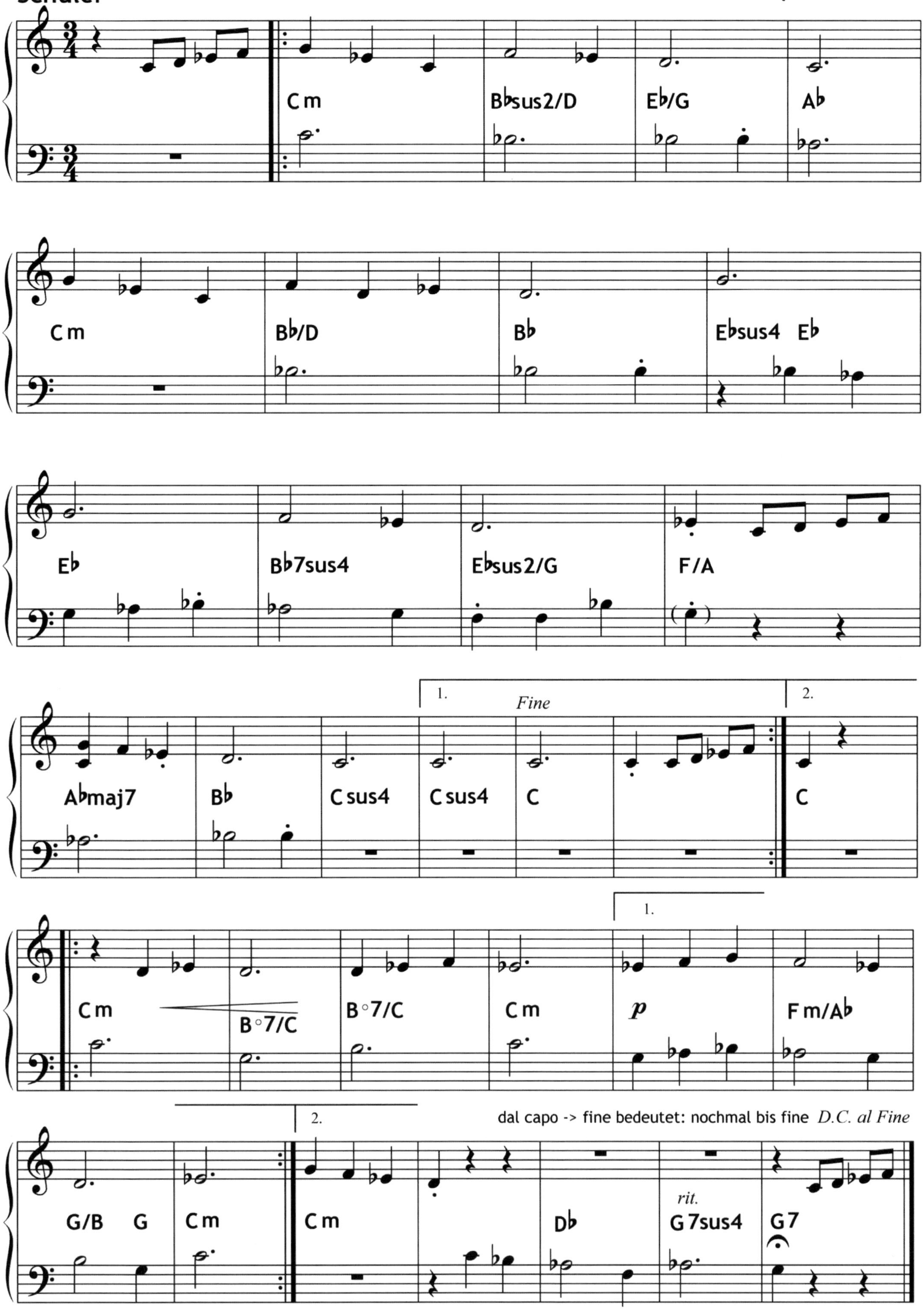

Cm | Bbsus2/D | Eb/G | Ab

Cm | Bb/D | Bb | Ebsus4 Eb

Eb | Bb7sus4 | Ebsus2/G | F/A

Abmaj7 | Bb | Csus4 | 1. Csus4 | *Fine* C | | 2. C

Cm | B°7/C | B°7/C | Cm | 1. *p* | Fm/Ab

dal capo -> fine bedeutet: nochmal bis fine *D.C. al Fine*

G/B G | Cm | 2. Cm | | Db | *rit.* G7sus4 | G7

Die Finger sollen auf den schwarzen Tasten bleiben

Fermate / nach Gefühl einen Moment verweilen

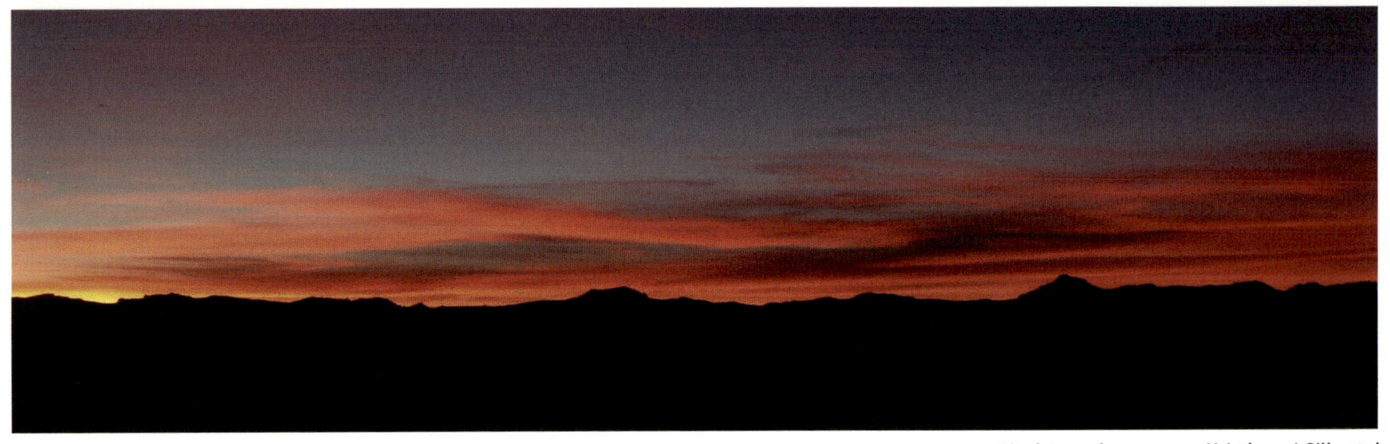

Nachtwanderung vom Kristberg/ Silbertal

Im Tal träumt leise

Axel Kemper-Moll 2009

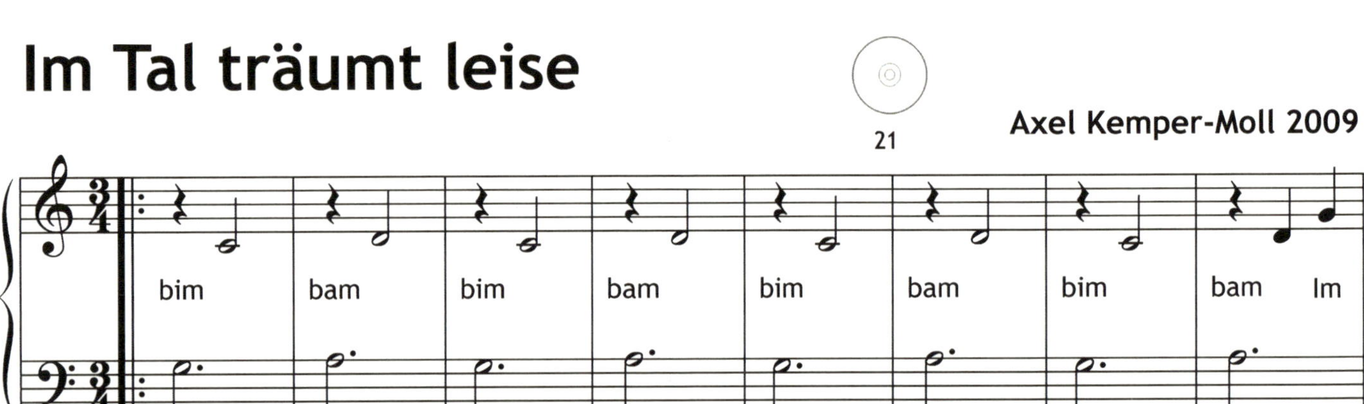

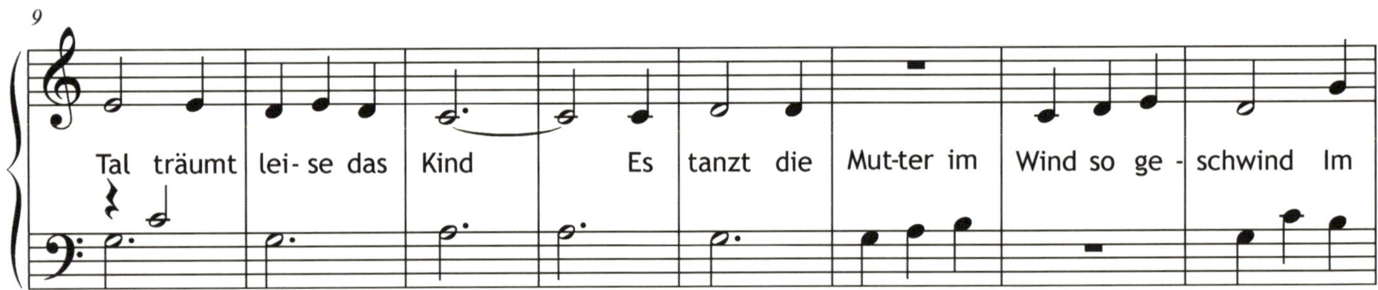

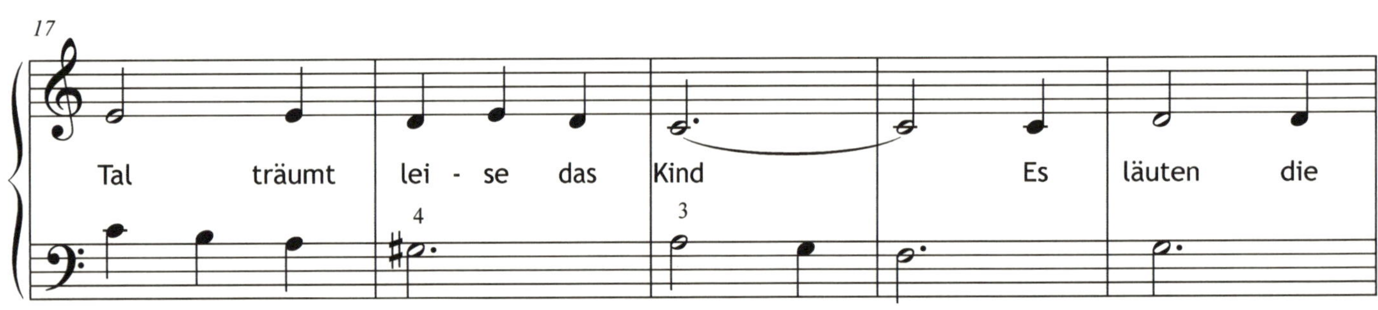

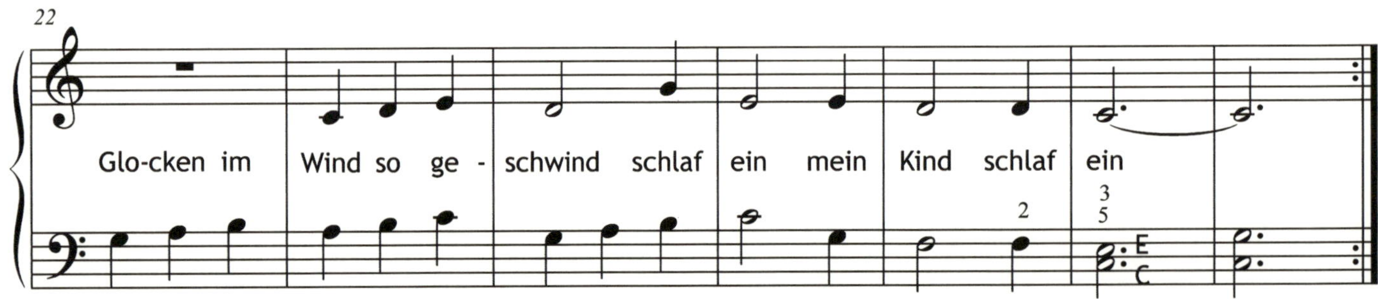

Kapitel 2

Finger 2-5 werden verschoben

Happy Birthday
Ode an die Freude (Ludwig van Beethoven)
Oh when the Saints
Pathetique (3. Satz, Ludwig van Beethoven)
Irish Folkdance

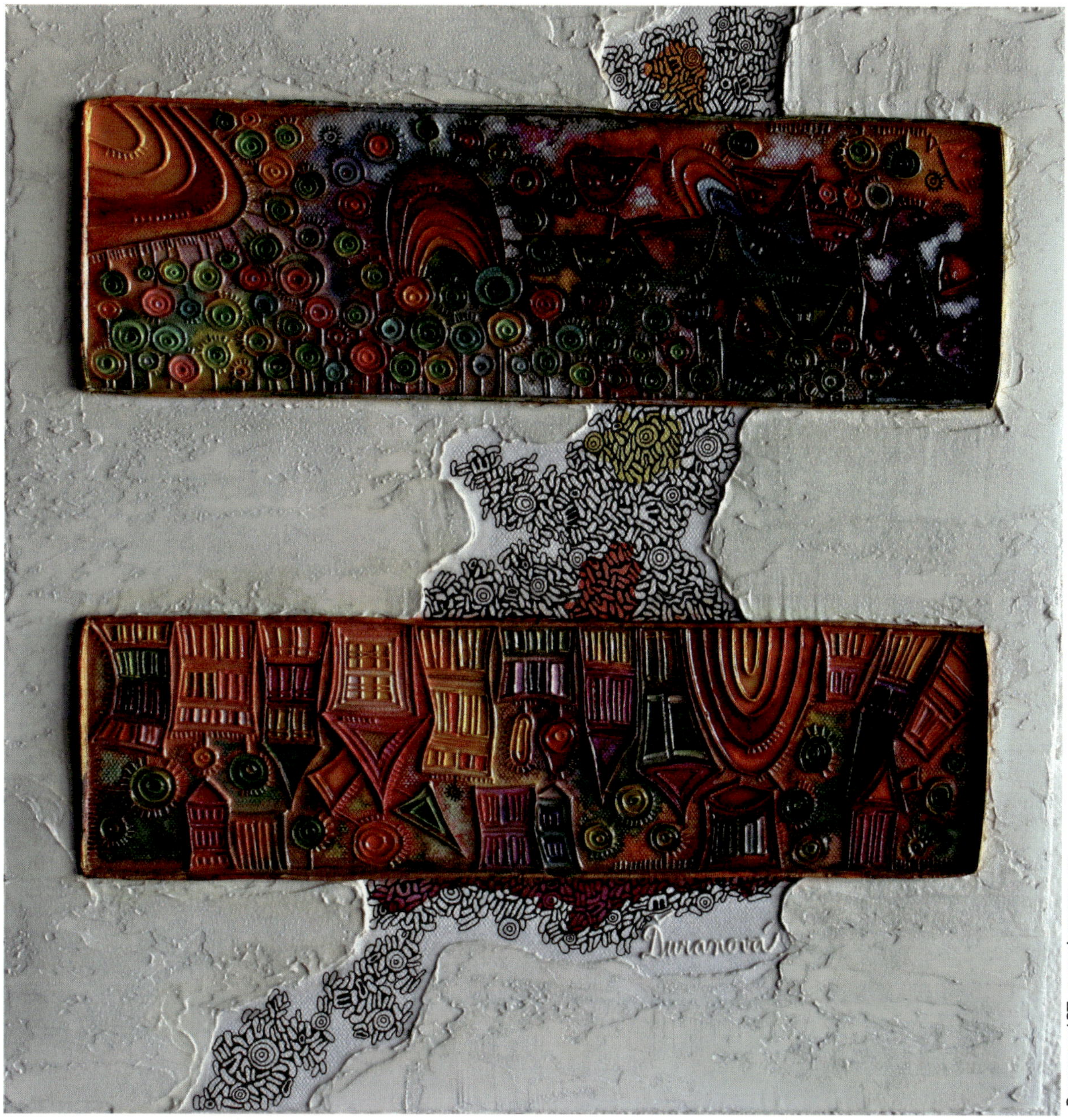

DreampopART www.duranova.eu

Schritt für Schritt werden wir jetzt den Tonbereich ausweiten. Die Finger 2-5 werden hier (im Block) gemeinsam um eine Taste verschoben, während der Daumen oft in der alten Position bleibt (hier auf C).

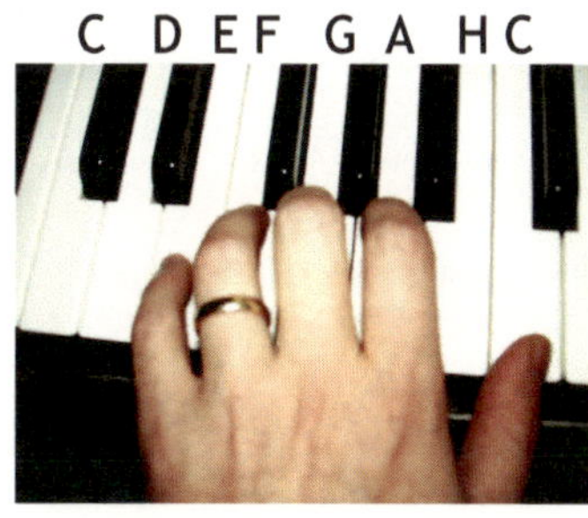

L: ↙ 2-5

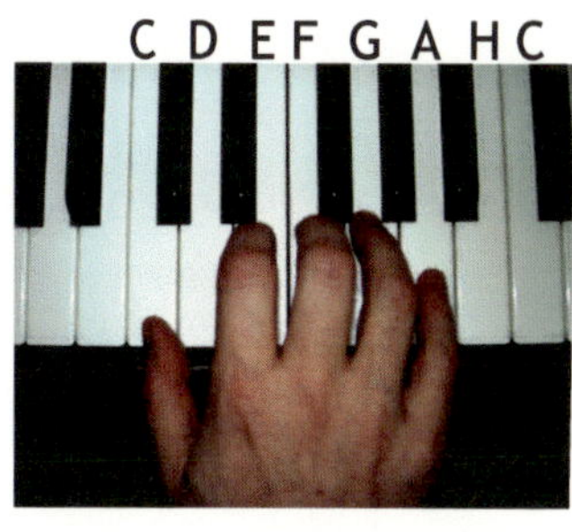

R: 2-5 ↗

NEUE NOTEN

rechts kommt in diesem Kapitel **A** hinzu (s. Foto S. 33):

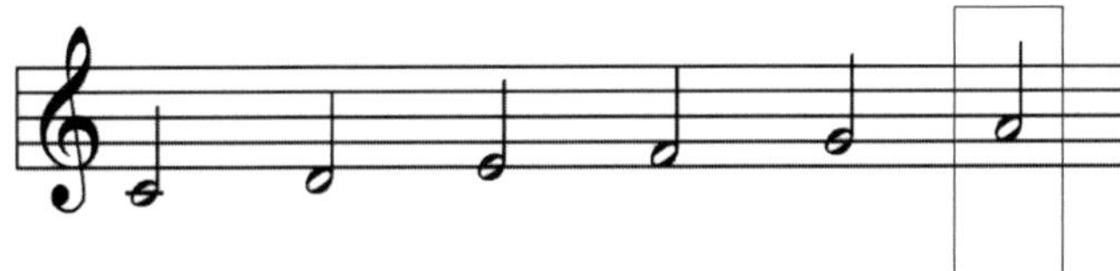

Links kommt **E** hinzu

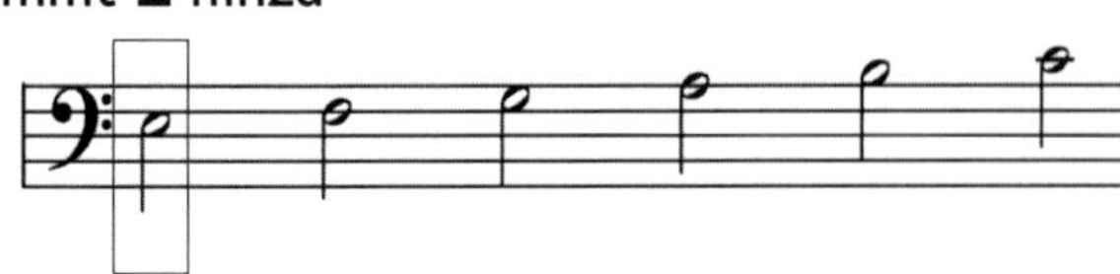

Happy Birthday

Schüler 1 Oktave höher

Bearbeitung: Axel Kemper-Moll 2009

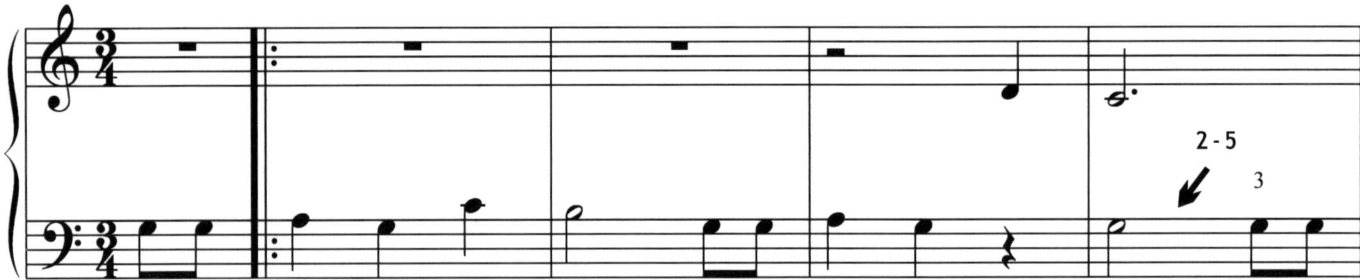

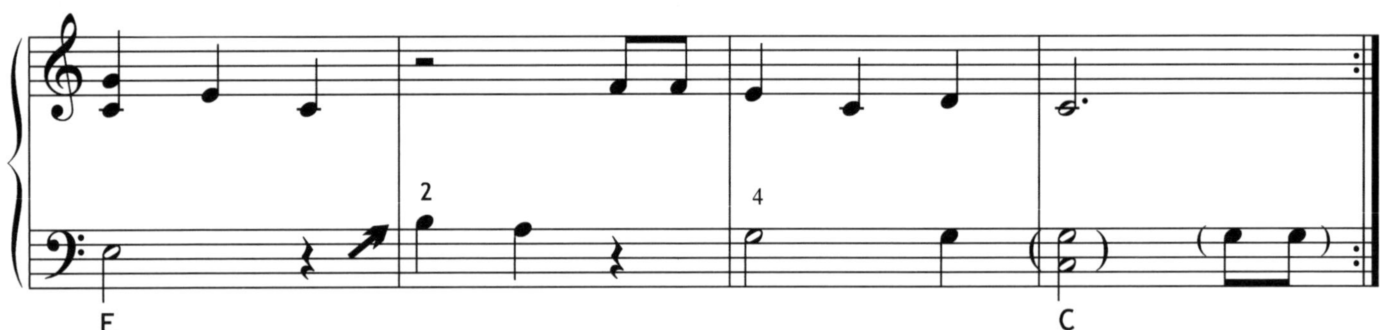

Lehrer

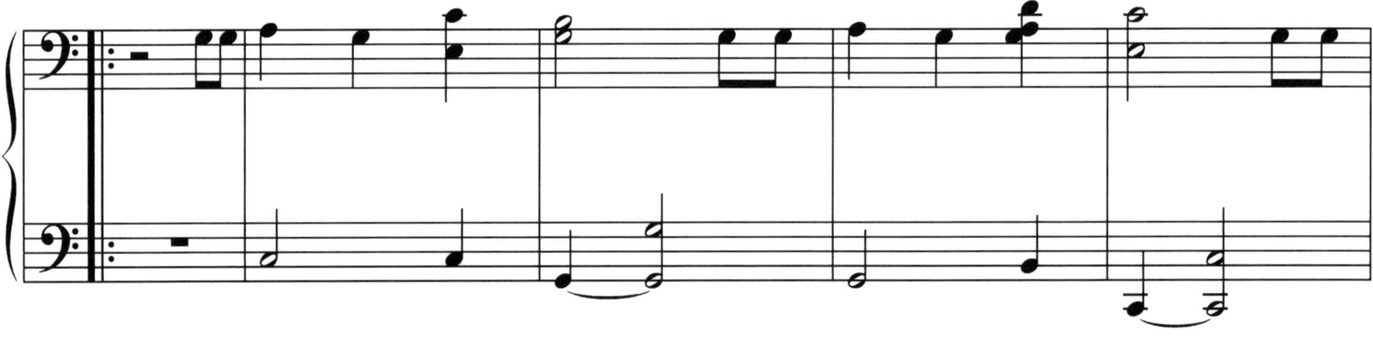

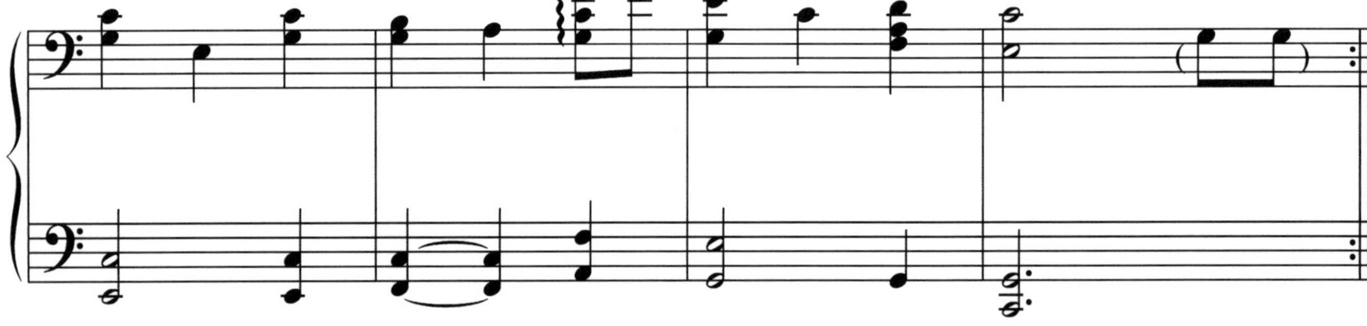

Ode an die Freude

Ludwig van Beethoven 1770-1827
Text: Friedrich Schiller
Bearbeitung: Axel Kemper-Moll

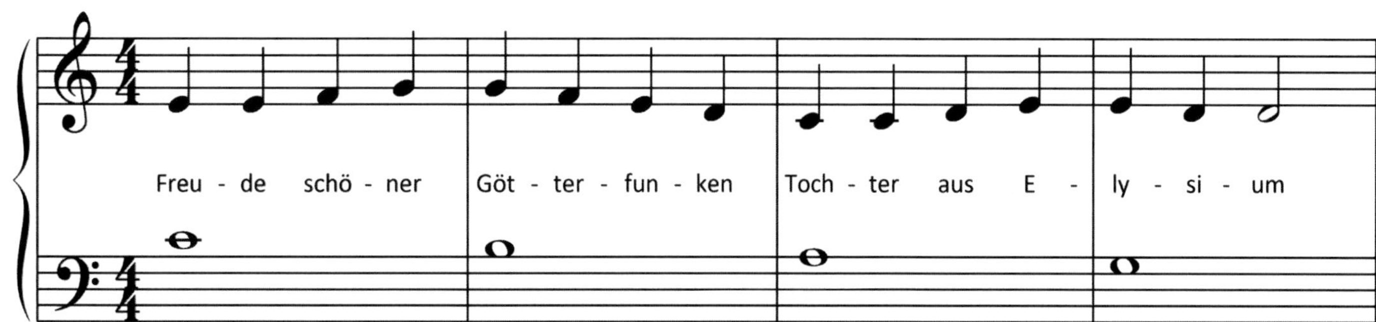

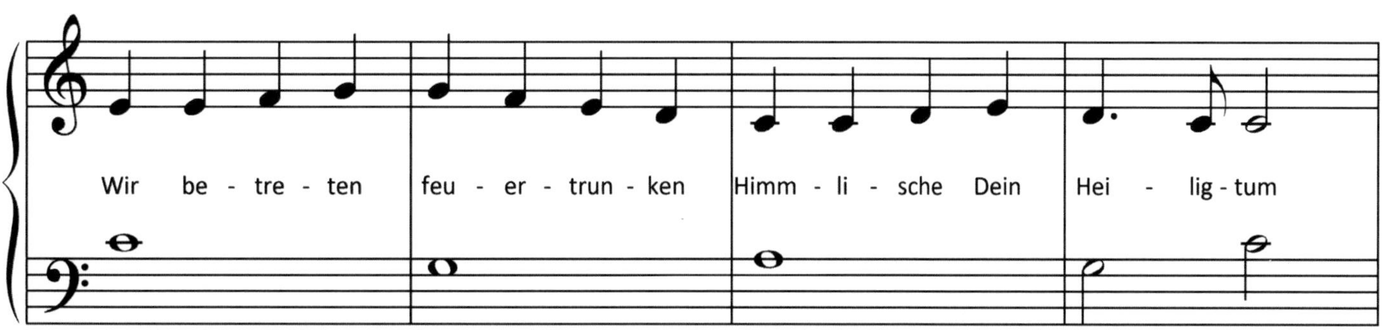

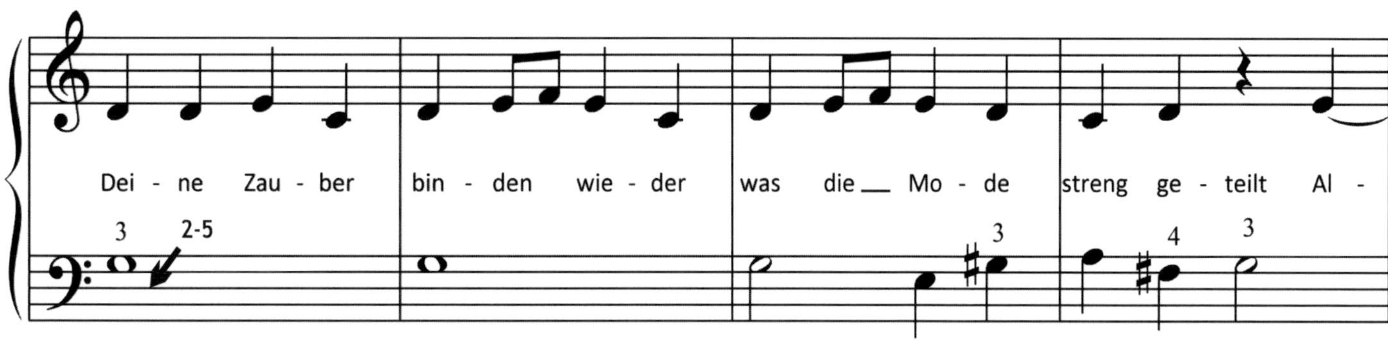

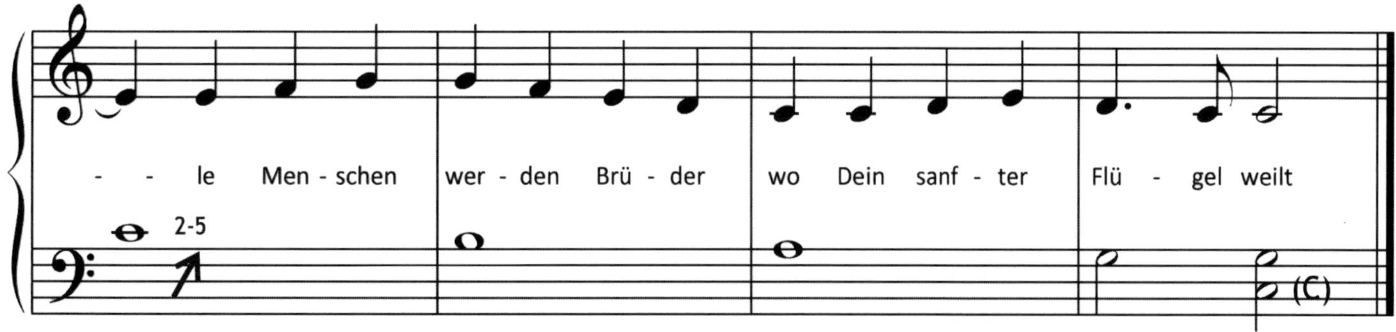

In der dritten Zeile (linke Hand) werden wieder die Finger 2-5 im Block um eine Taste nach unten verschoben (s. Fingersätze). In der letzten Zeile liegen beide Hände wieder normal. Am Schluß kommt ein tiefes C hinzu. Ode an die Freude mit dem Text von Friedrich Schiller ist die Europahymne.

Oh when the Saints

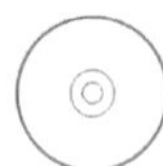

Traditional
Bearbeitung: Axel Kemper-Moll

Lehrer

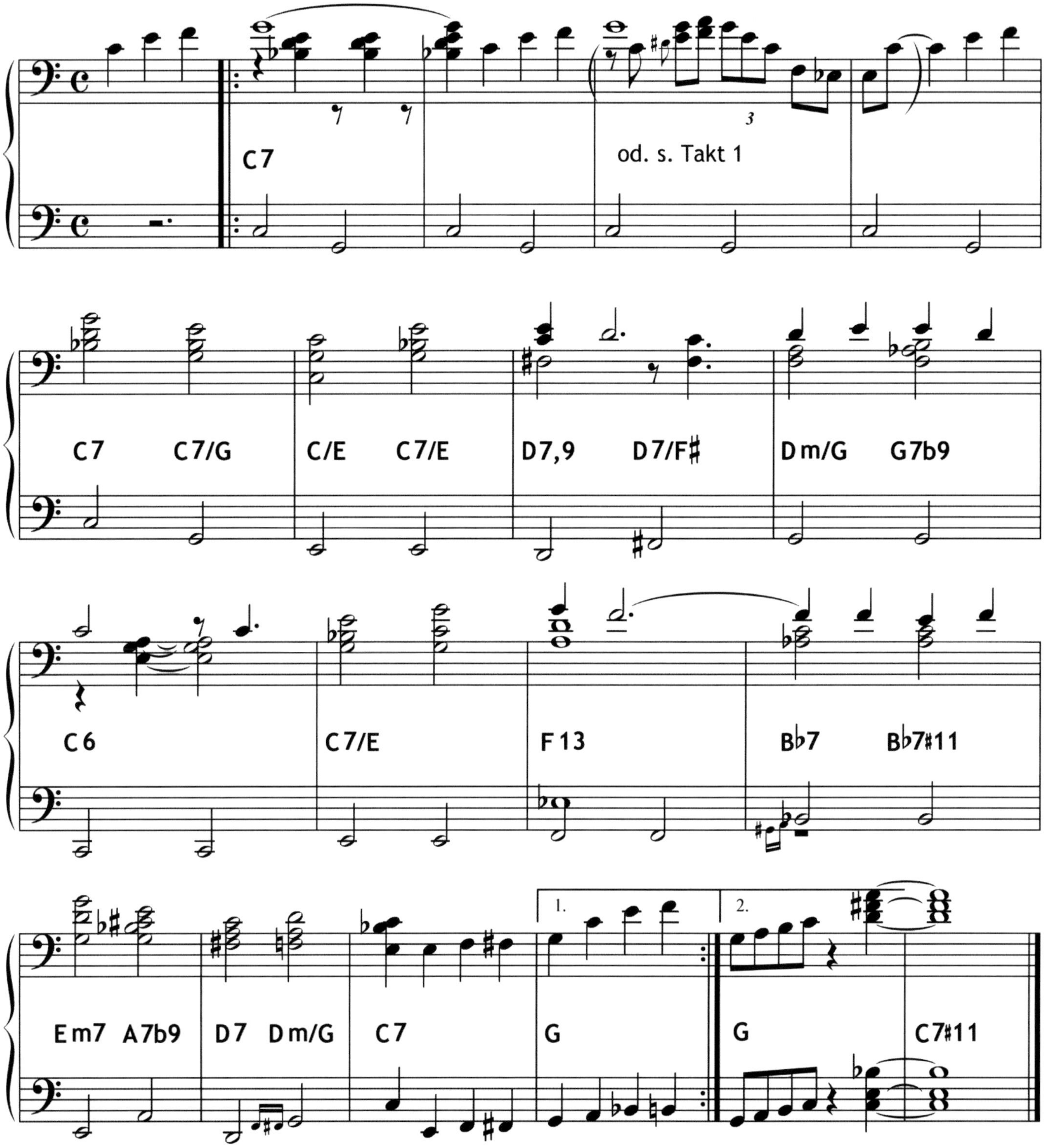

C7 | | od. s. Takt 1 |

C7 C7/G | C/E C7/E | D7,9 D7/F♯ | Dm/G G7b9

C6 | C7/E | F13 | B♭7 B♭7♯11

Em7 A7b9 | D7 Dm/G | C7 | 1. G | 2. G C7♯11

Oh when the Saints

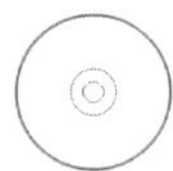

22-24

Traditional
Bearbeitung: Axel Kemper-Moll

Schüler: 2 Oktaven höher

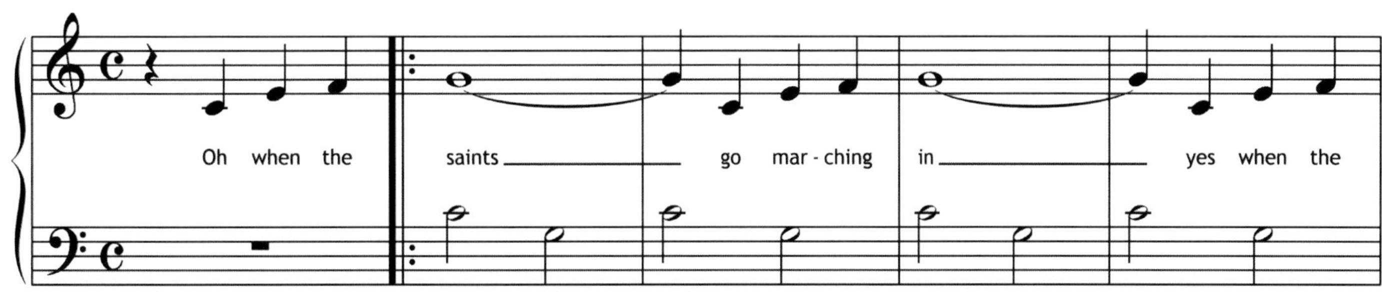

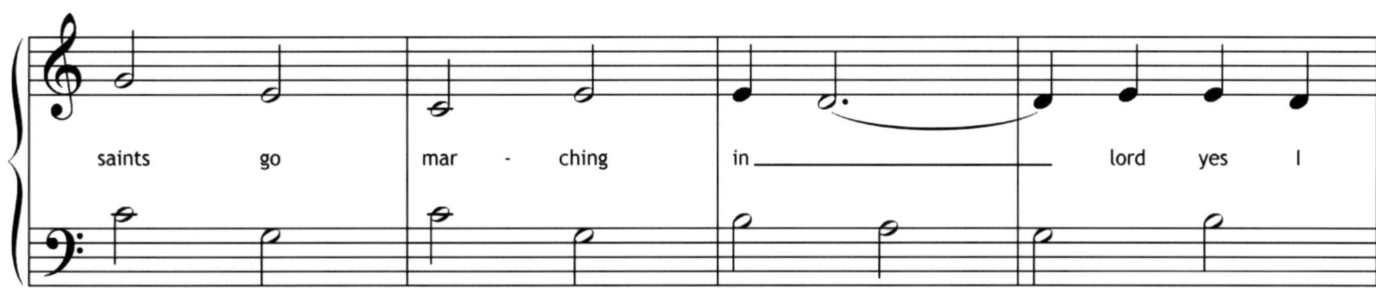

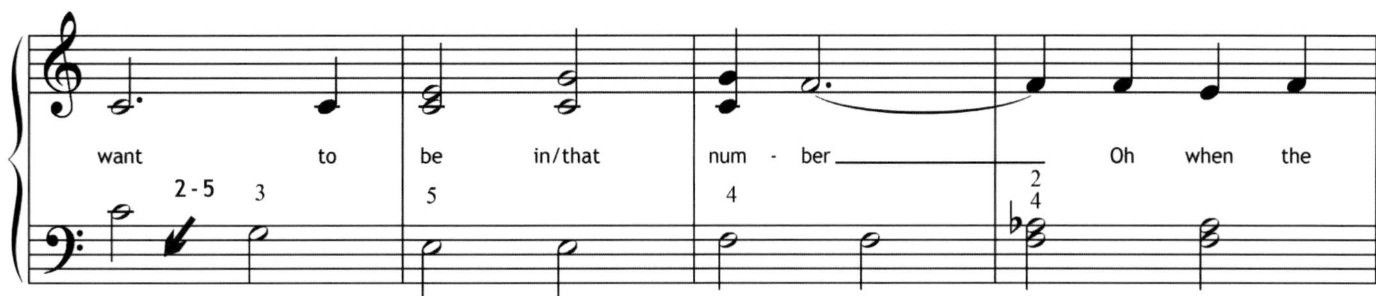

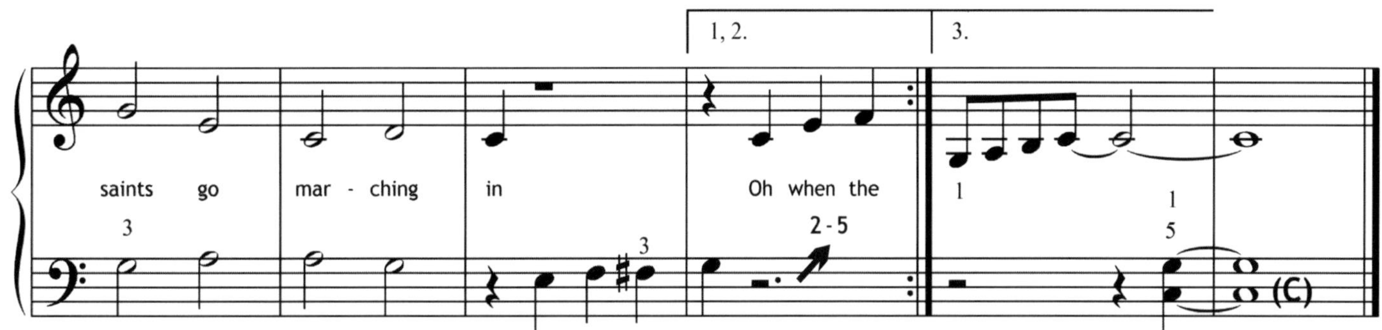

In der dritten Zeile (linke Hand) werden wieder die Finger 2-5 im Block um eine Taste nach unten verschoben (s. Fingersätze). Die Finger bleiben in dieser Position bis zum Wiederholungszeichen. Am Schluss kommt wieder ein tiefes C hinzu. In den folgenden Stücken sollst du das Ausrücken, ... anhand der Fingersätze erkennen.

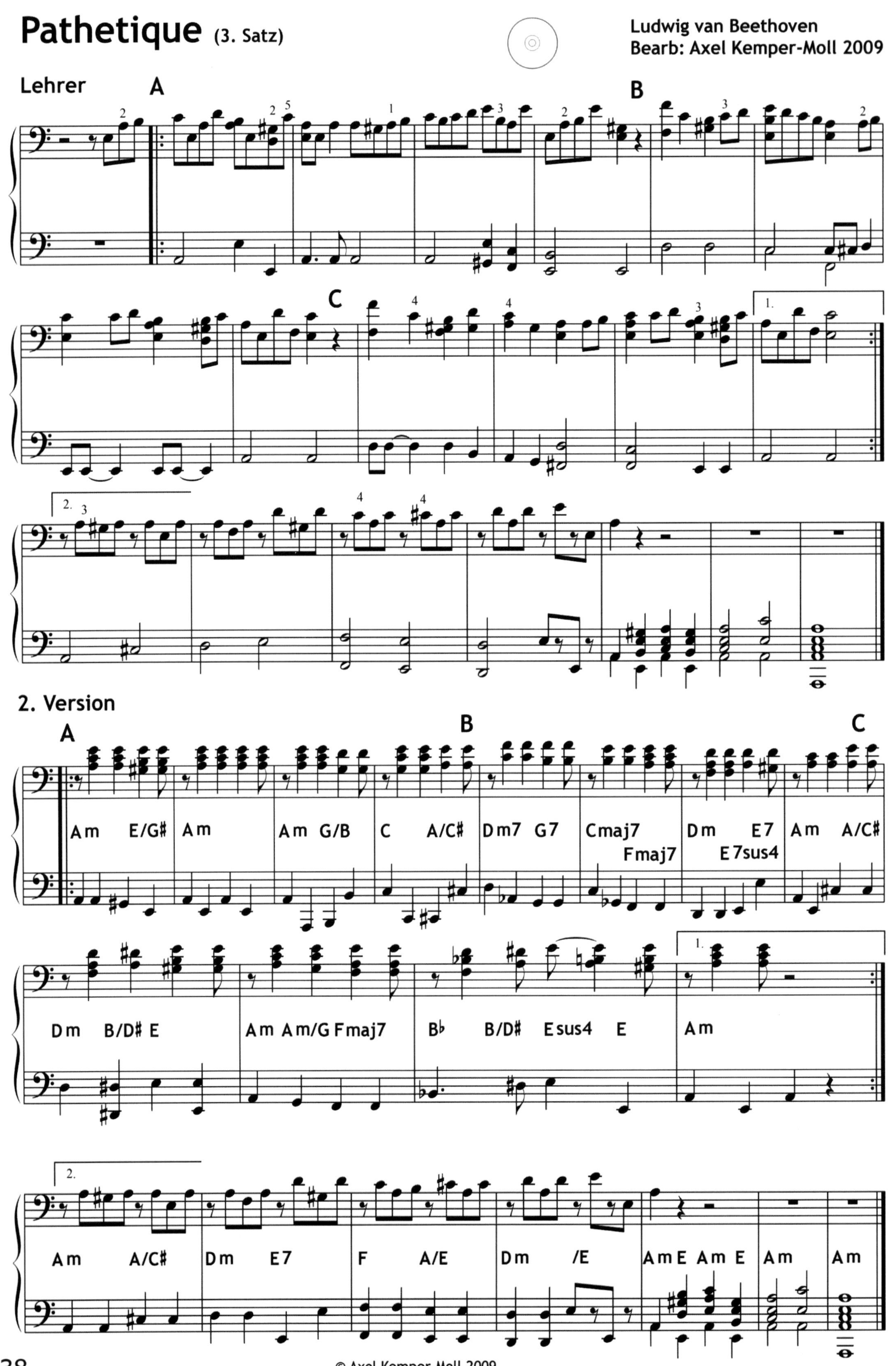
Pathetique (3. Satz)
Ludwig van Beethoven
Bearb: Axel Kemper-Moll 2009
Lehrer
A
B
C
2. Version
A
B
C
Am E/G# | Am | Am G/B | C A/C# | Dm7 G7 | Cmaj7 Fmaj7 | Dm E7 E7sus4 | Am A/C#
Dm B/D# E | Am Am/G Fmaj7 | B♭ B/D# Esus4 E | Am
Am A/C# | Dm E7 | F A/E | Dm /E | Am E Am E | Am | Am

Pathetique (3. Satz)

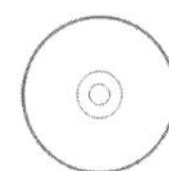

25-29

Schüler

Ludwig van Beethoven
Bearbeitung: Axel Kemper-Moll

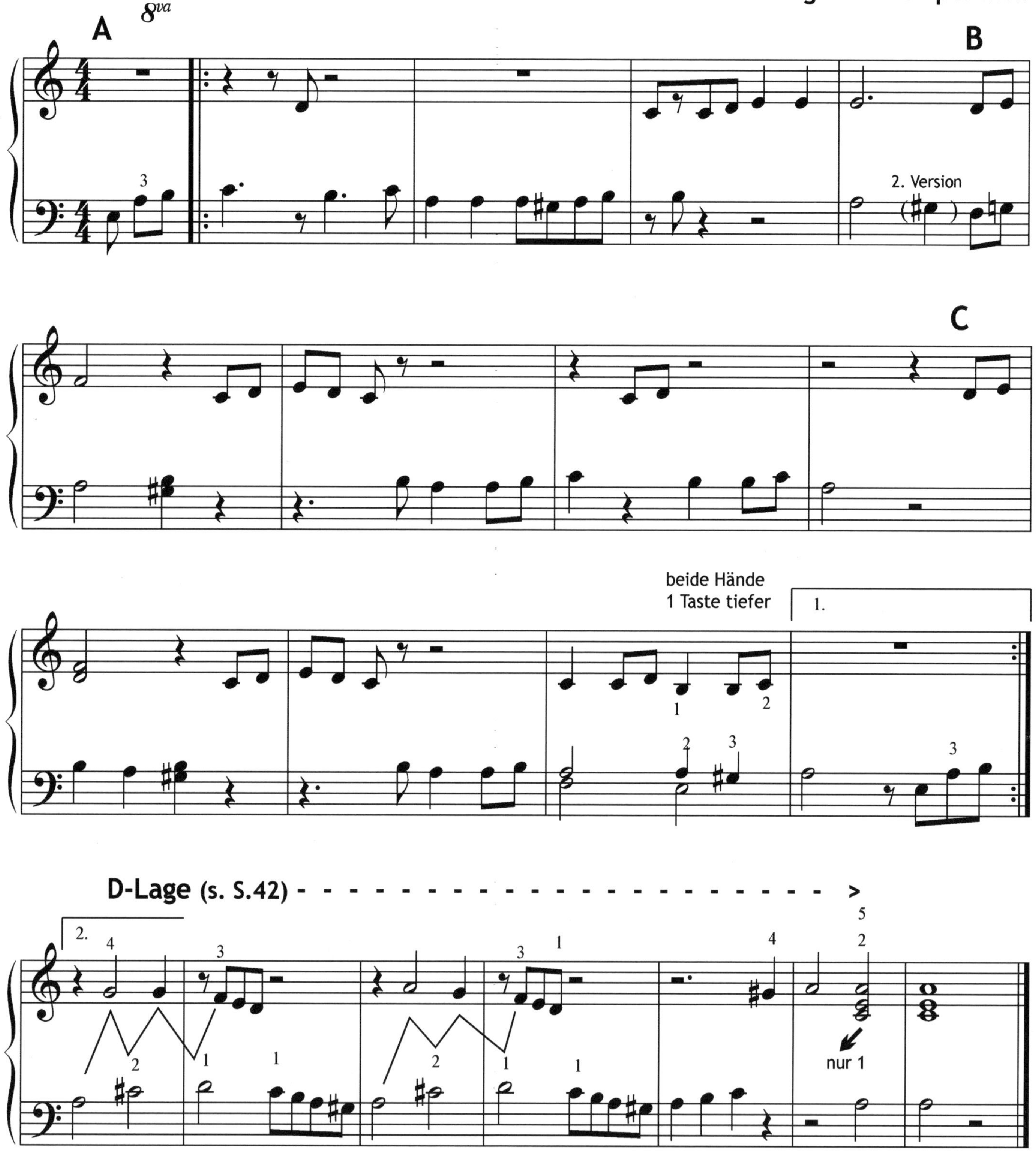

Irish Folkdance

Axel Kemper-Moll 2009

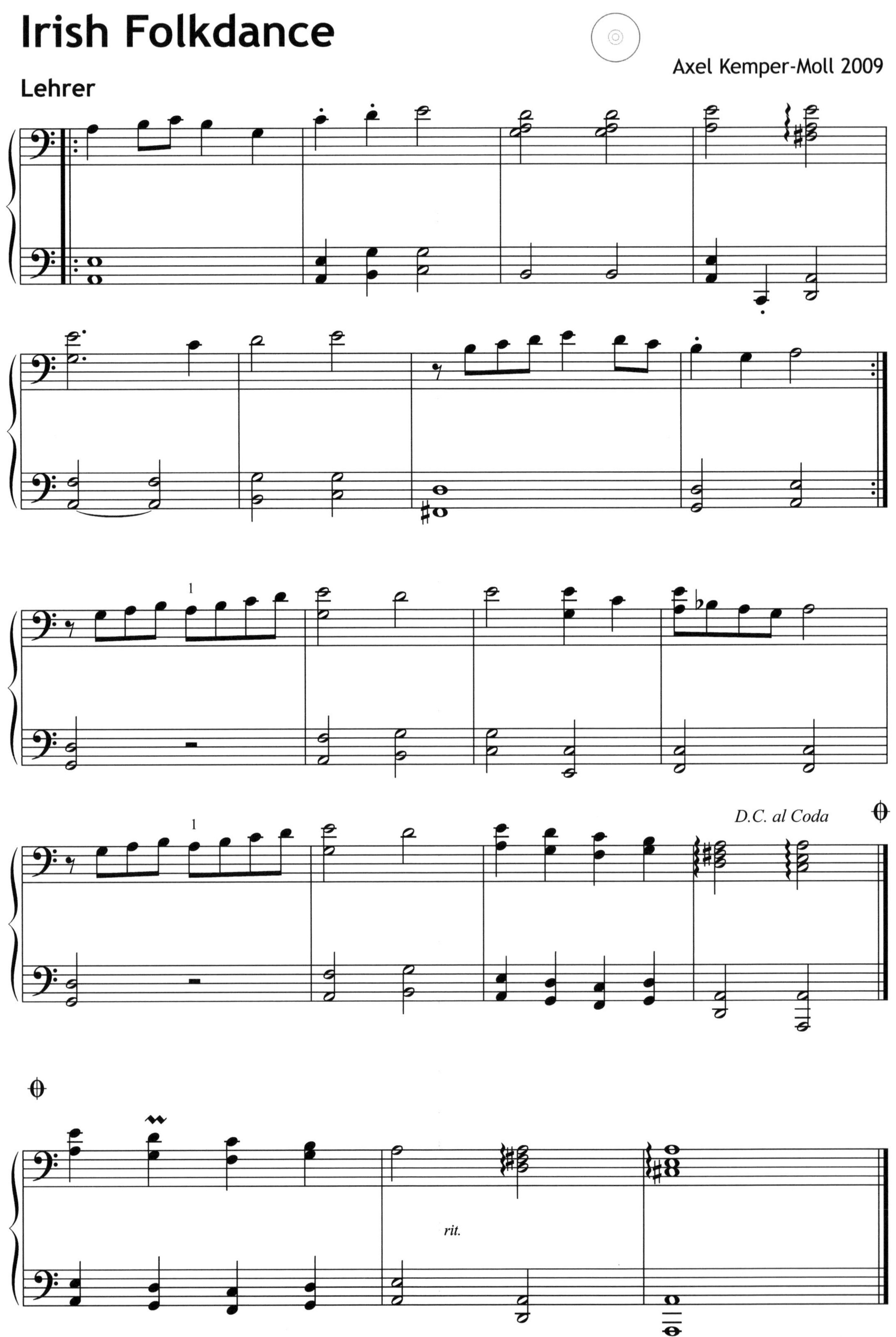

Irish Folkdance

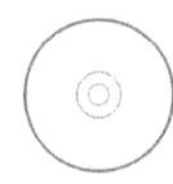
30-31

Schüler *8va*

Axel Kemper-Moll

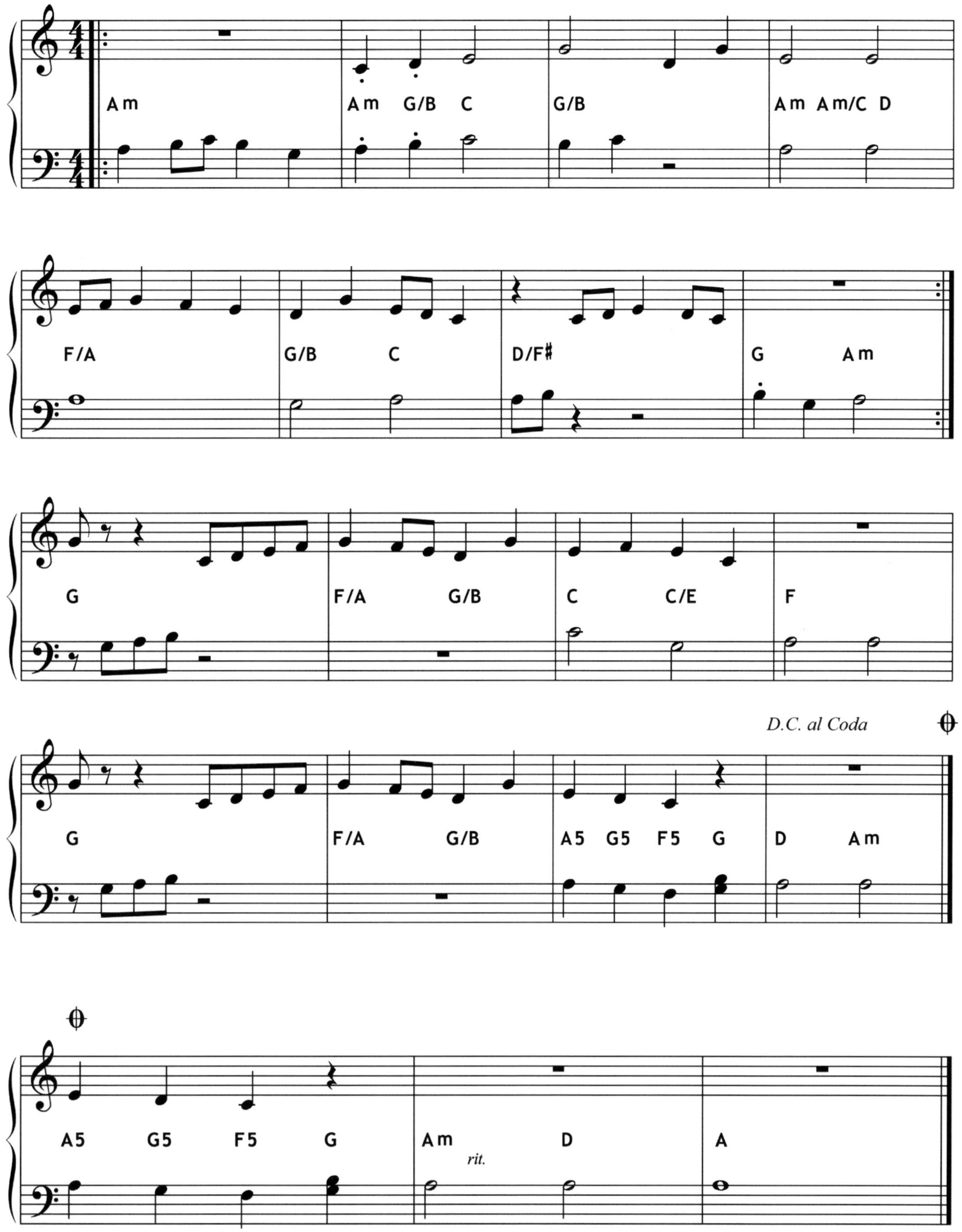

Am | Am G/B C | G/B | Am Am/C D

F/A | G/B C | D/F# | G Am

G | F/A G/B | C C/E | F

D.C. al Coda

G | F/A G/B | A5 G5 F5 G | D Am

A5 G5 F5 G | Am *rit.* D | A

Der Lehrer kann anhand der Akkordsymbole eine vereinfachte Lehrerstimme spielen.
Erklärung Akkorde s. Band III (od. Jazz & Pop-Harmonielehre von Axel Kemper-Moll / Voggenreiter)

Lagentraining

In den folgenden Stücken kommen Rechts C-Lage und D-Lage vor. **Eine 5-Fingerlage wird nach ihrem tiefsten Ton benannt.** Da in der linken Hand meist Bb vorkommt, soll der Mittelfinger (G-Lage) links auf dem Bb liegen bleiben. Lagentraining:

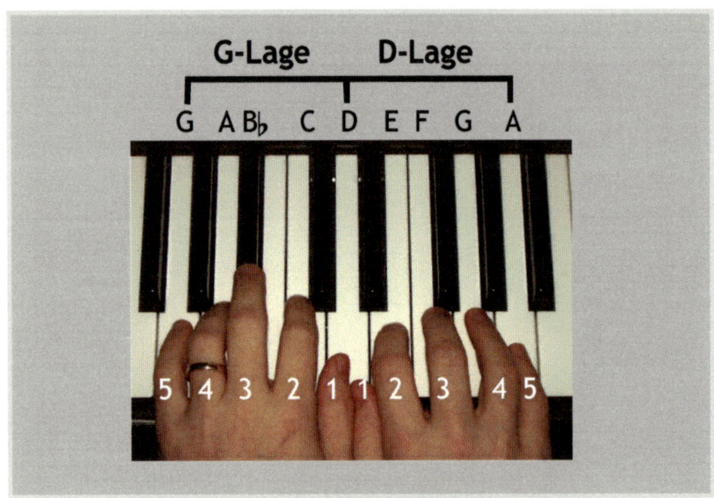

Spiele folgende Übungen, um die neuen Lagen zu trainieren:

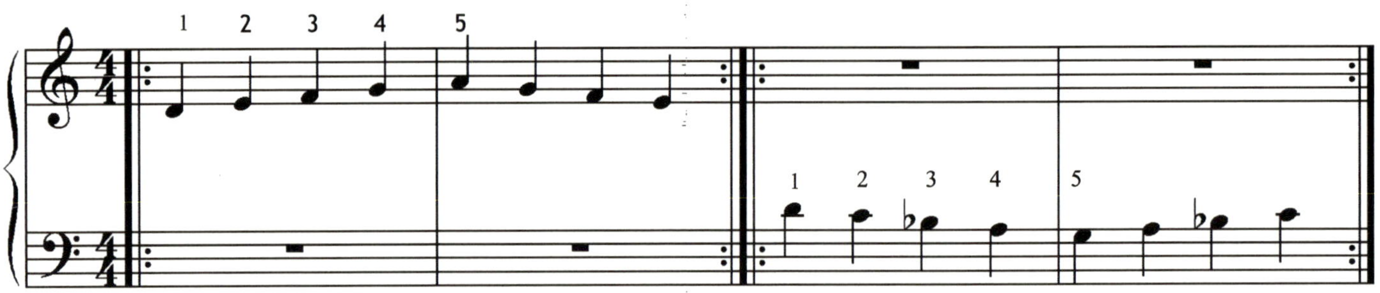

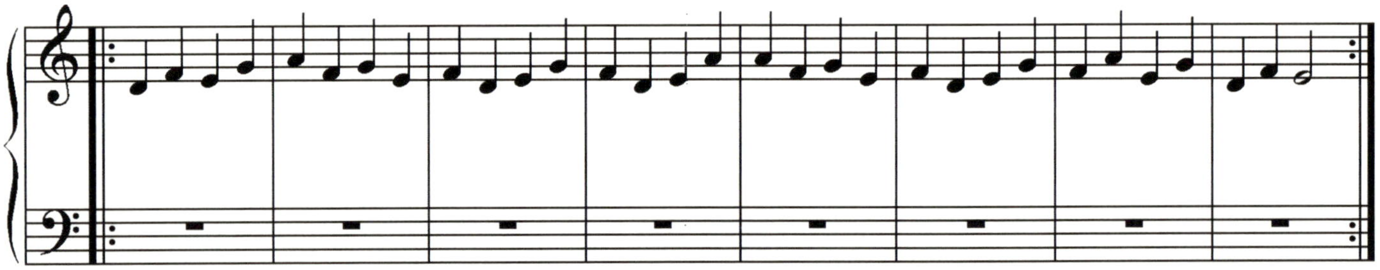

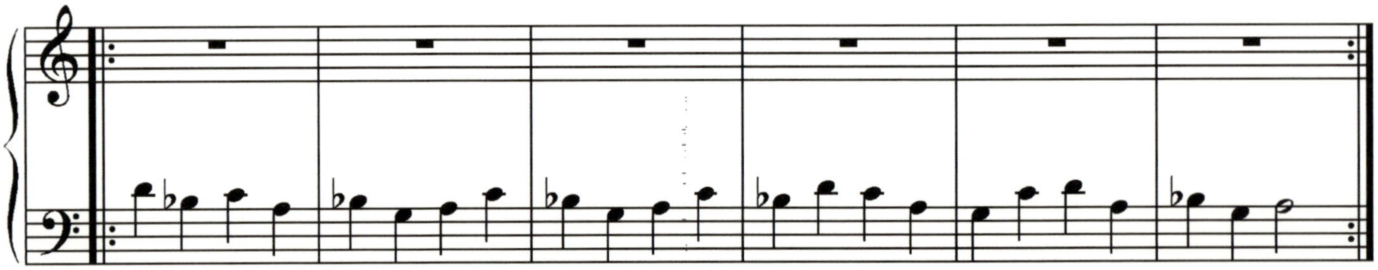

Kapitel 3

Stücke mit anderen Lagen/ Lagentraining

Guter Mond
Wenn der Sommer kommt (Axel Kemper-Moll)
Auld Lang Syne
Bajazzo (Axel Kemper-Moll)
Lenas Walzer
Medieval Song (Phantasiereise ins Mittelalter)
Openbeach Funk

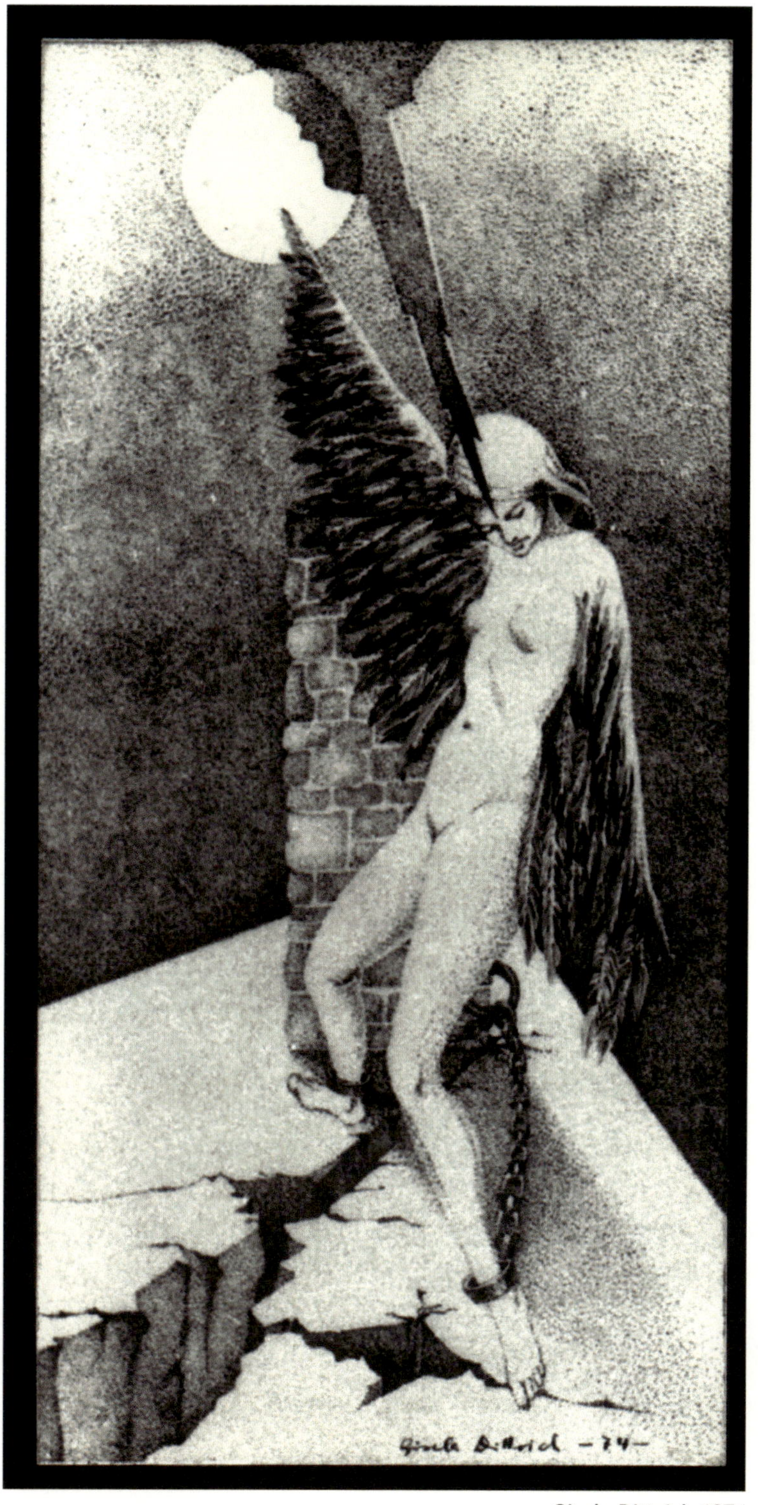

Gisela Dittrich 1974

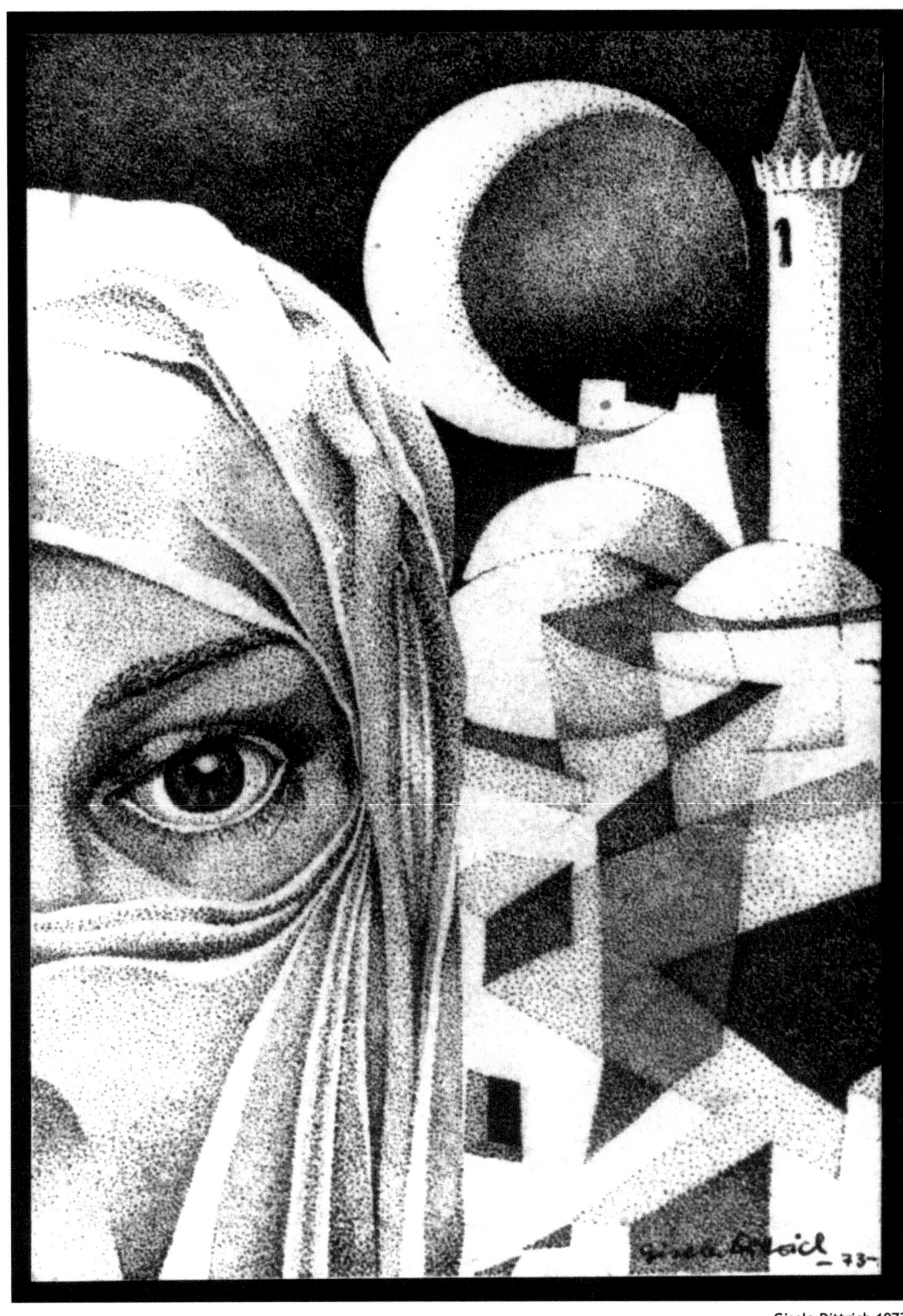

Gisela Dittrich 1973

Guter Mond

Bearbeitung:
Axel Kemper-Moll 2011

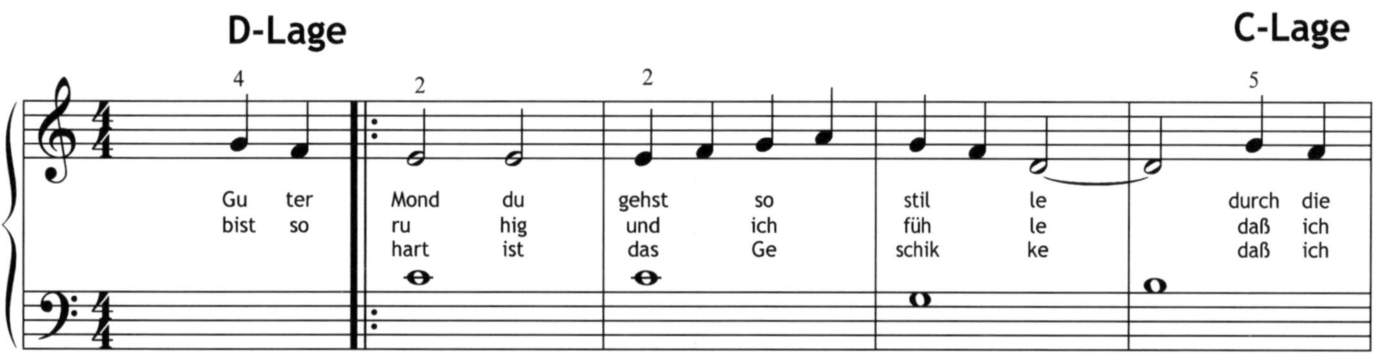

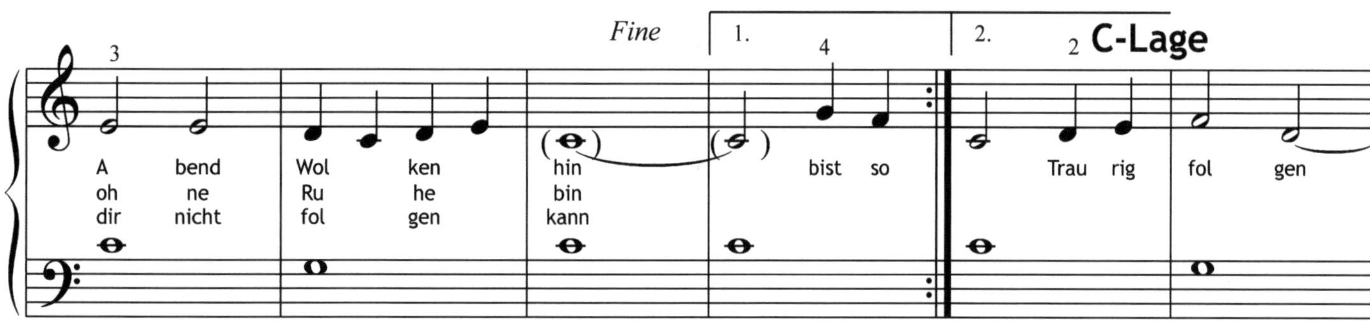

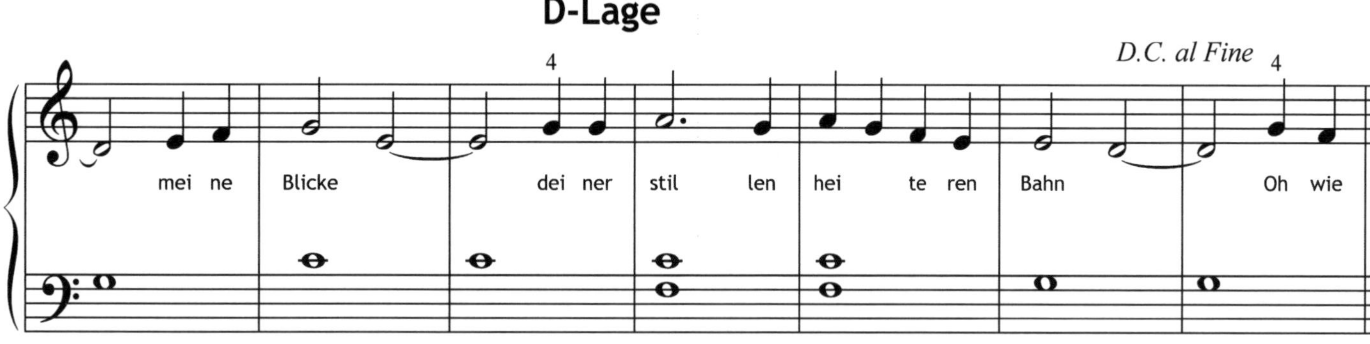

Wenn der Sommer kommt

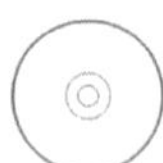

Lehrer/ Version II
langsam starten und immer schneller werden

italienische Polka
Axel Kemper-Moll

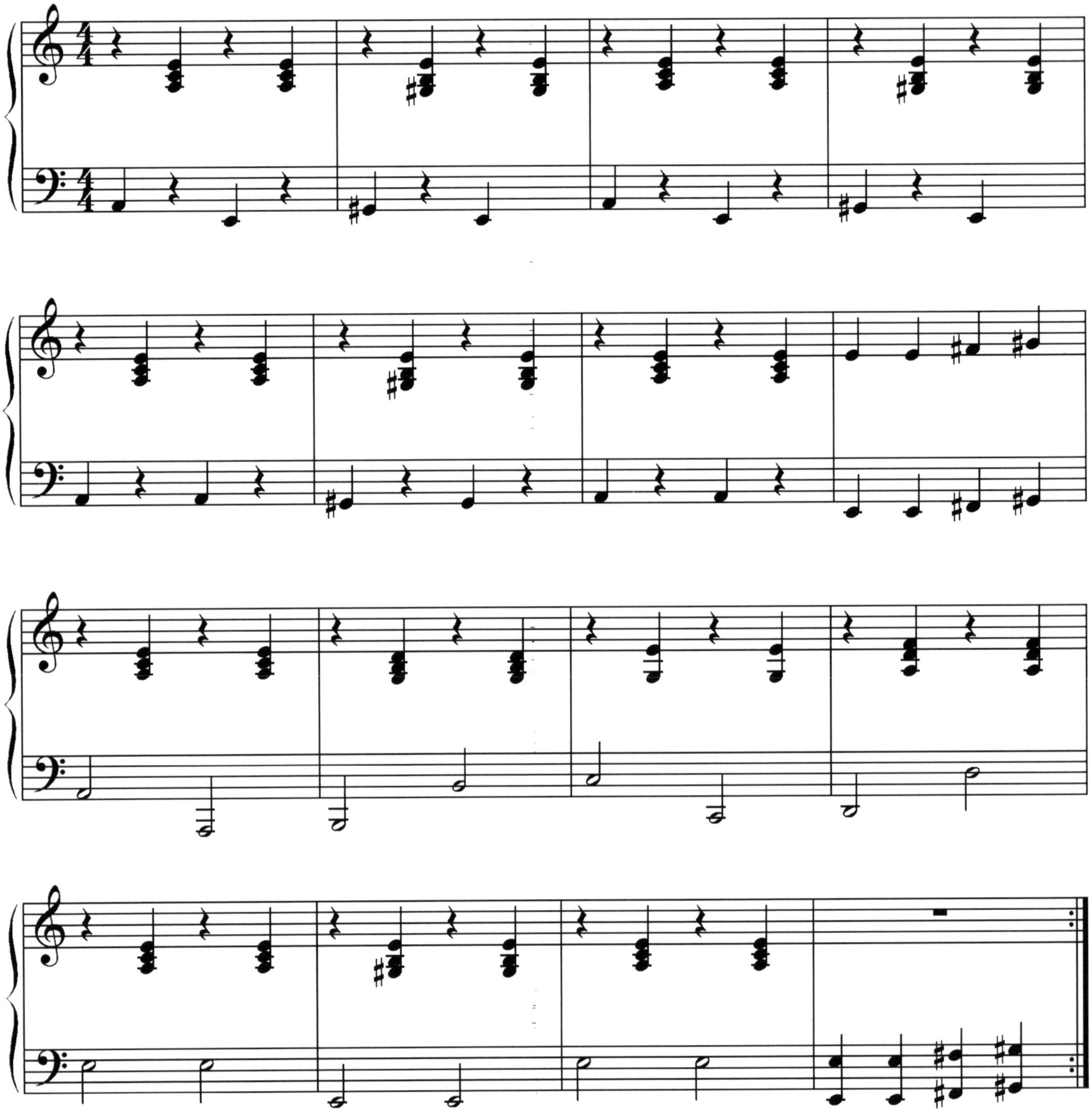

Coda nur ganz am Schluss

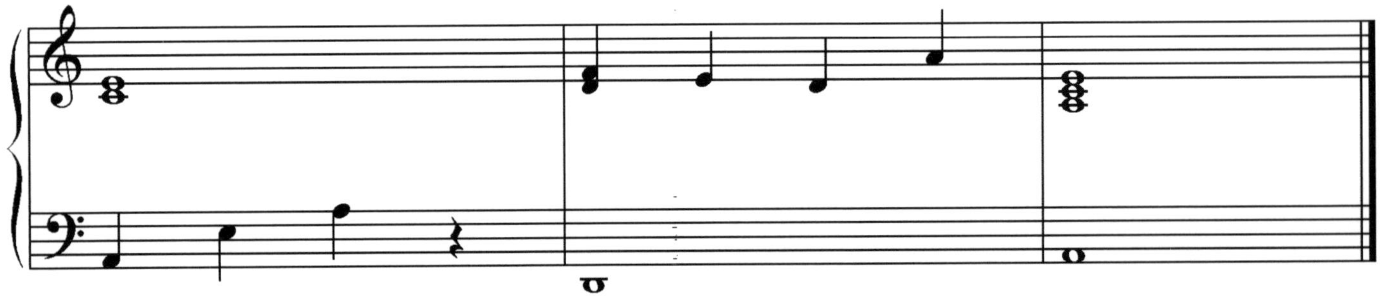

Wenn der Sommer kommt

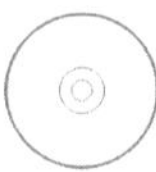

32-35

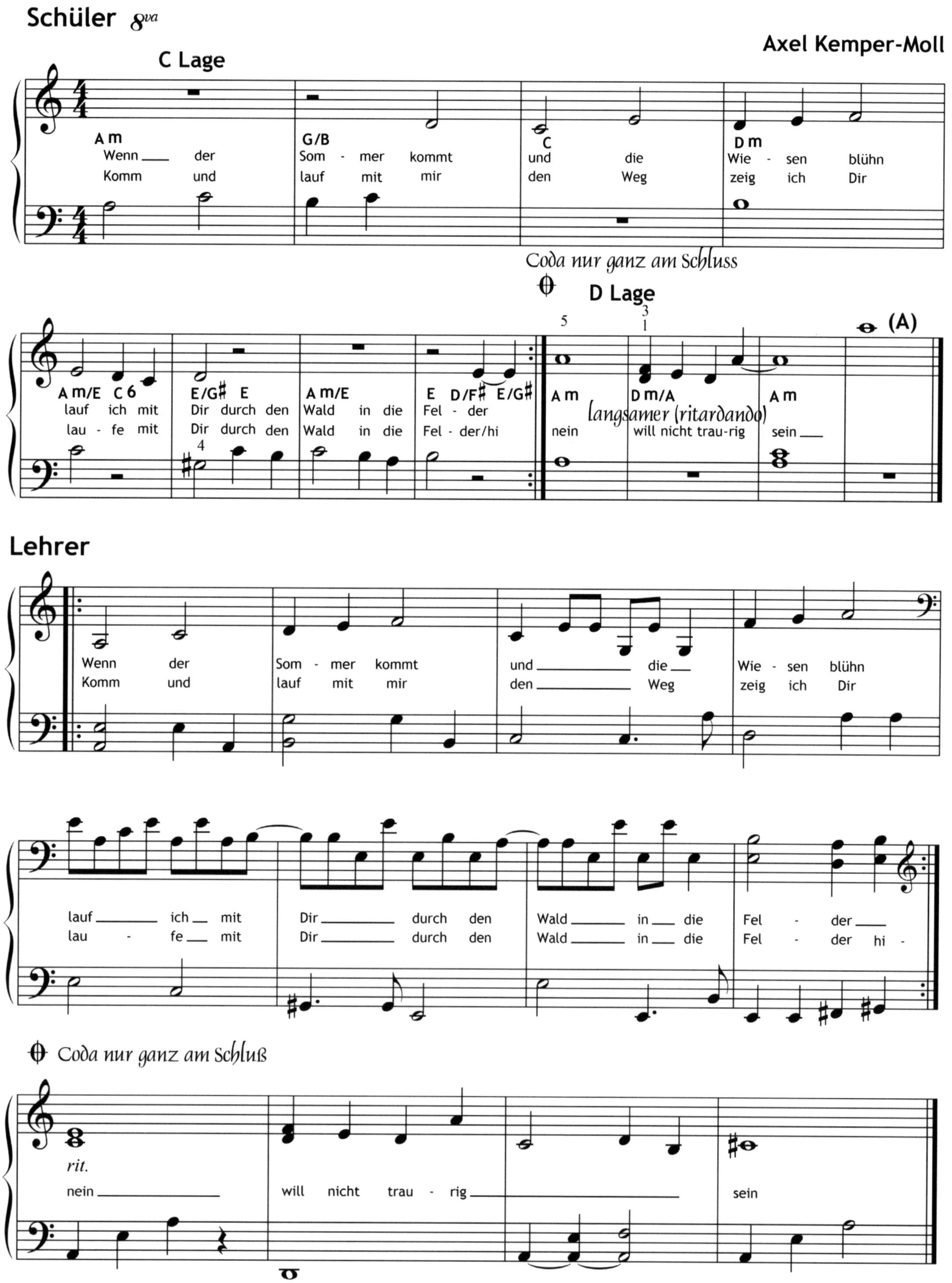

Schüler 8va

Axel Kemper-Moll

C Lage

Am | G/B | C | Dm
Wenn ___ der | Som - mer kommt | und die | Wie - sen blühn
Komm und | lauf mit mir | den Weg | zeig ich Dir

Coda nur ganz am Schluss

D Lage

Am/E C6 | E/G♯ E | Am/E | E D/F♯ E/G♯ | Am | Dm/A | Am (A)
lauf ich mit | Dir durch den | Wald in die | Fel - der | | |
lau - fe mit | Dir durch den | Wald in die | Fel - der/hi | nein | will nicht trau-rig | sein ___

langsamer (ritardando)

Lehrer

Wenn der | Som - mer kommt | und ___ die ___ | Wie - sen blühn
Komm und | lauf mit mir | den ___ Weg | zeig ich Dir

lauf ___ ich ___ mit | Dir ___ durch den | Wald ___ in ___ die | Fel - der ___
lau - fe ___ mit | Dir ___ durch den | Wald ___ in ___ die | Fel - der hi -

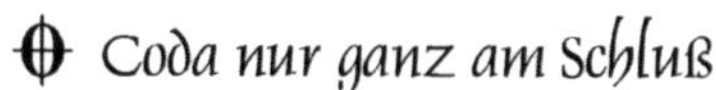

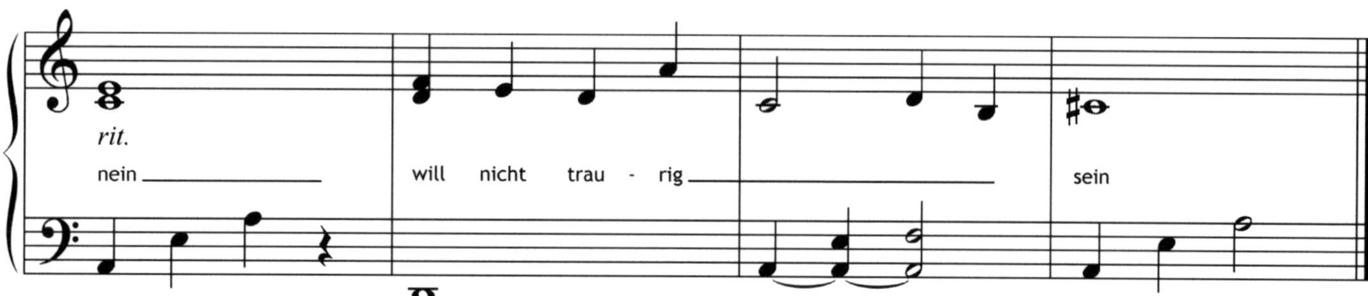

Auld Lang Syne

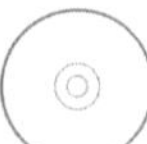

Traditional
Bearbeitung: Axel Kemper-Moll 2017

Lehrer ♩ 86 Shuffle* ♪♪ = ♩♪ (3)

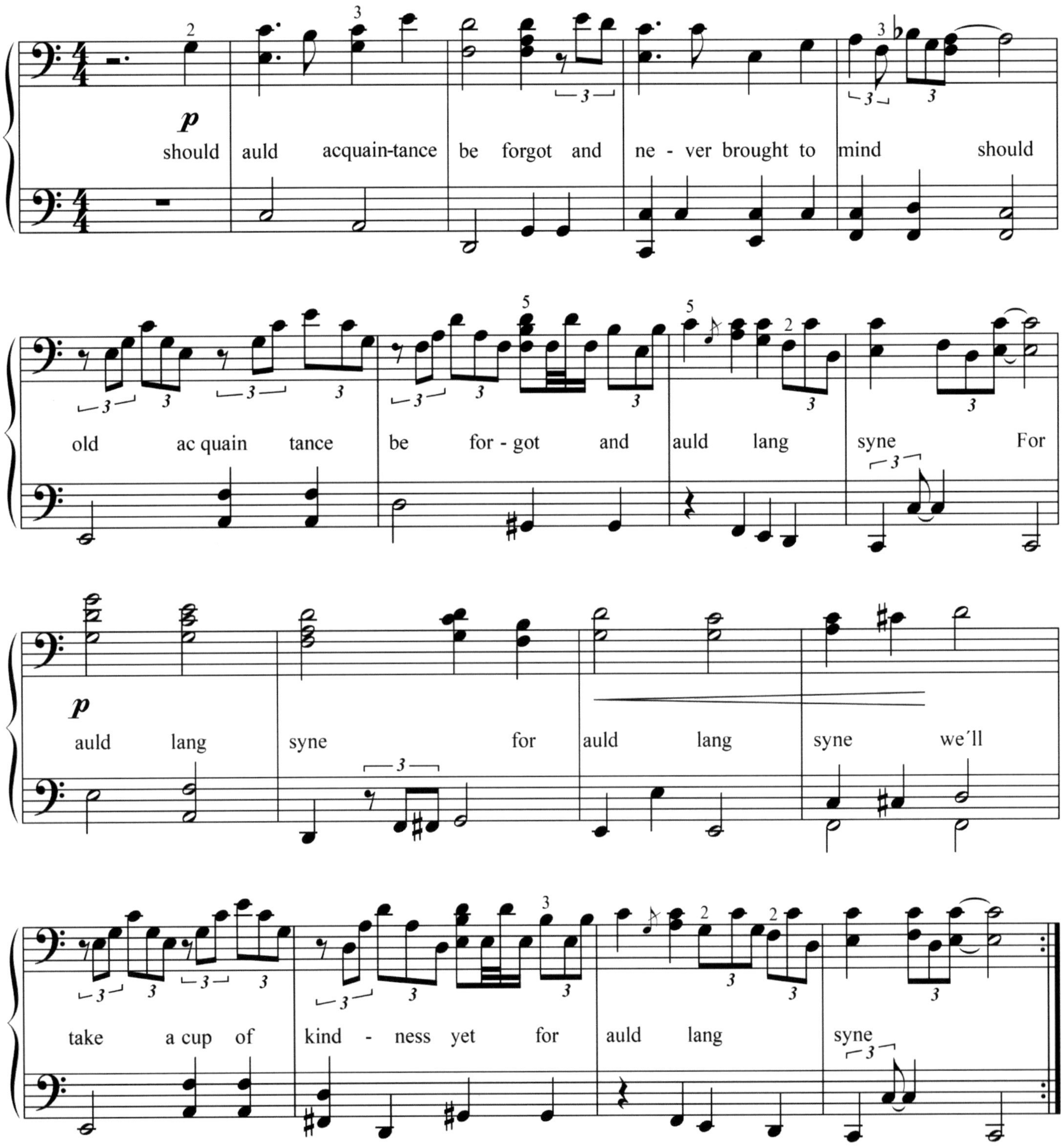

p

should auld acquain-tance be forgot and ne - ver brought to mind should old ac quain tance be for - got and auld lang syne For

p

auld lang syne for auld lang syne we´ll take a cup of kind - ness yet for auld lang syne

* Die Achtel können (obwohl gerade notiert) wie im Shuffle üblich triolisch gespielt werden.

Auld Lang Syne

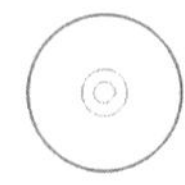

36-37

Schüler *8va*

Traditional
Bearbeitung: Axel Kemper-Moll 2017

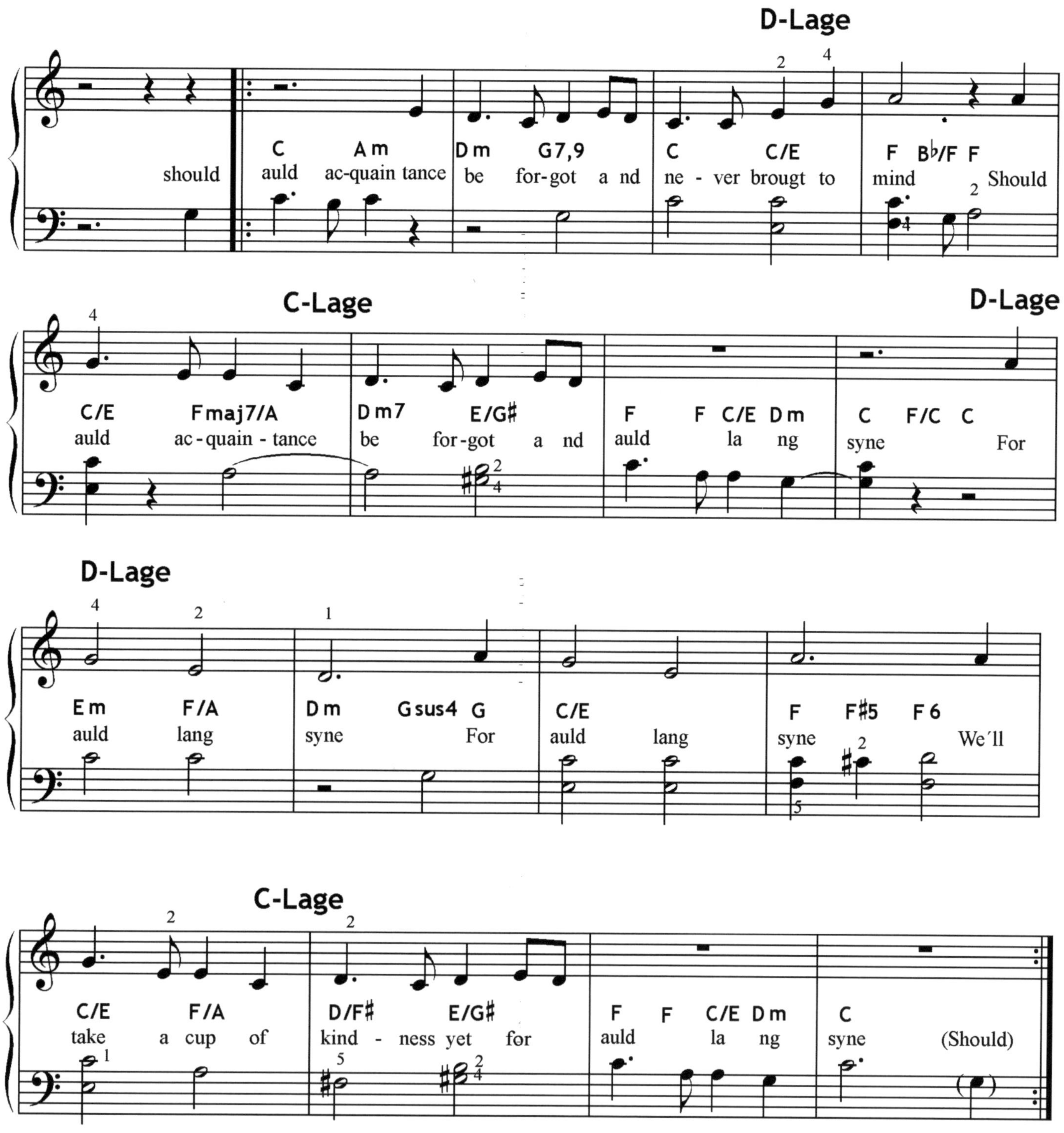

D-Lage

C Am | Dm G7,9 | C C/E | F B♭/F F
should | auld ac-quain tance | be for-got a nd | ne - ver brougt to | mind Should

C-Lage | D-Lage

C/E Fmaj7/A | Dm7 E/G♯ | F F C/E Dm | C F/C C
auld ac-quain - tance | be for-got a nd | auld la ng | syne For

D-Lage

Em F/A | Dm Gsus4 G | C/E | F F♯5 F6
auld lang | syne For | auld lang | syne We´ll

C-Lage

C/E F/A | D/F♯ E/G♯ | F F C/E Dm | C
take a cup of | kind - ness yet for | auld la ng | syne (Should)

"Lange vergangenes Sein": Schottisches Lied 1788, es wird zum Jahreswechsel od. zum Abschied gesungen
Klavierlehrer können anhand der Akkordsymbole zunächst eine einfachere Begleitung spielen.
Erklärung Akkorde s. Band III od. Jazz & Pop-Harmonielehre von Axel Kemper-Moll / Voggenreiter

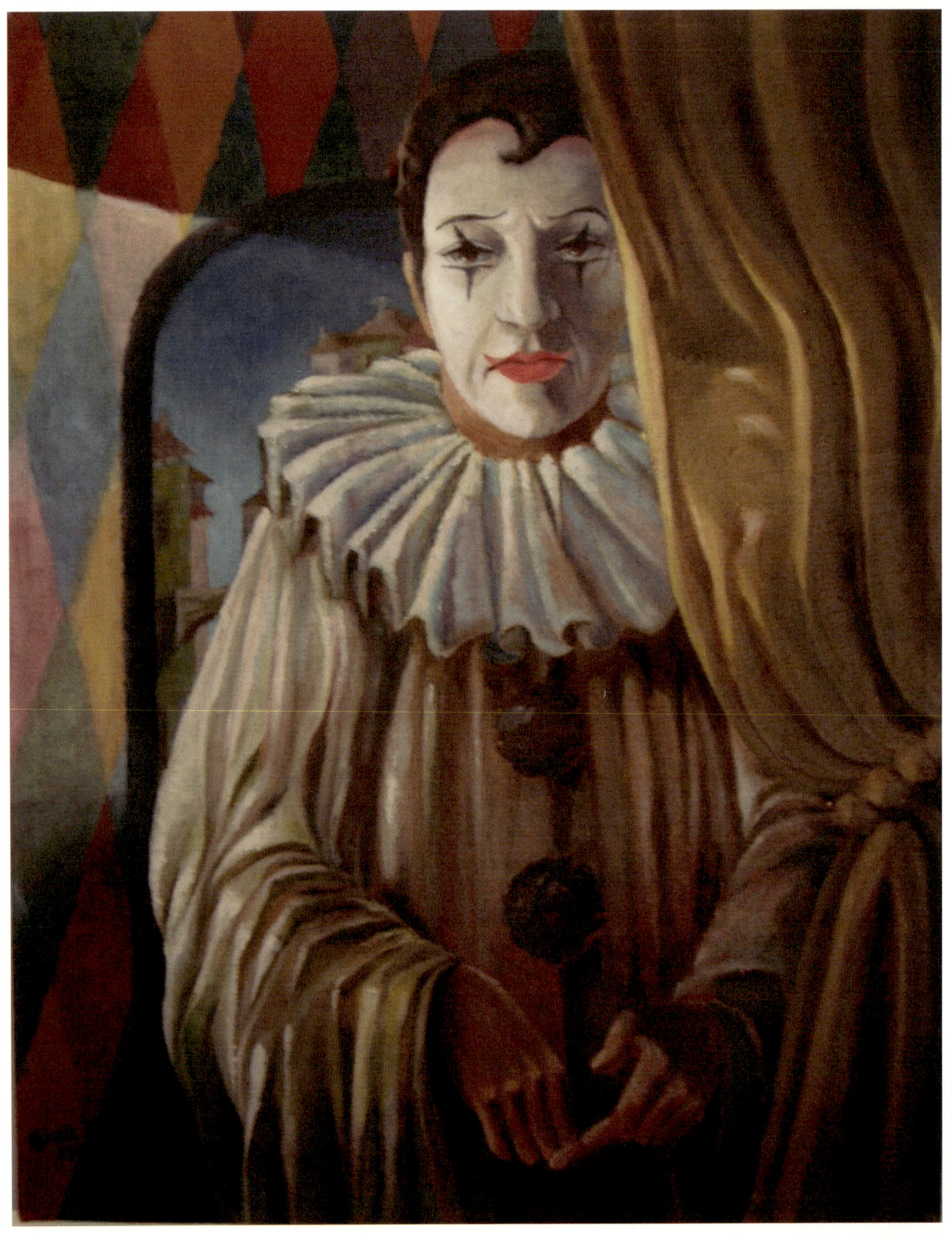

Bajazzo Gisela Dittrich

Lagentraining

In den folgenden Stücken liegen beide Hände eine Taste höher als bisher. **Anbei nochmal das D-Lagentraning.** Da in der linken Hand meist Bb vorkommt, soll der Mittelfinger links auf dem Bb liegen bleiben:

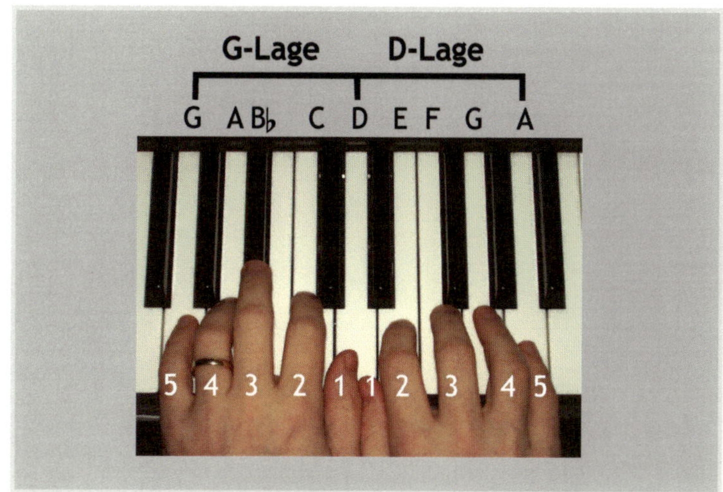

Spiele folgende Übungen, um die neuen Lagen zu trainieren:

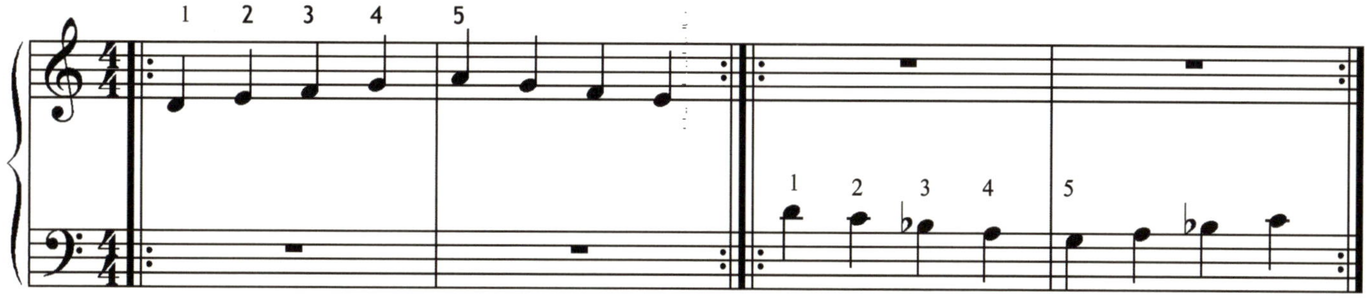

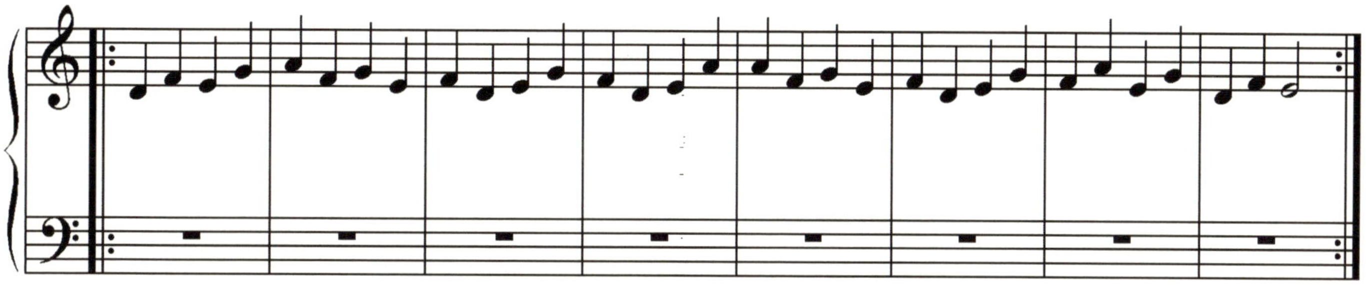

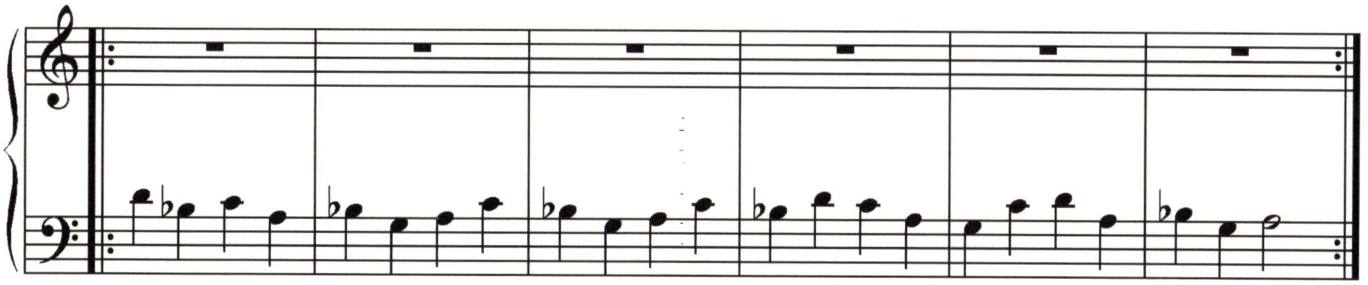

Bajazzo

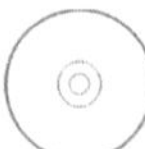

Lehrer

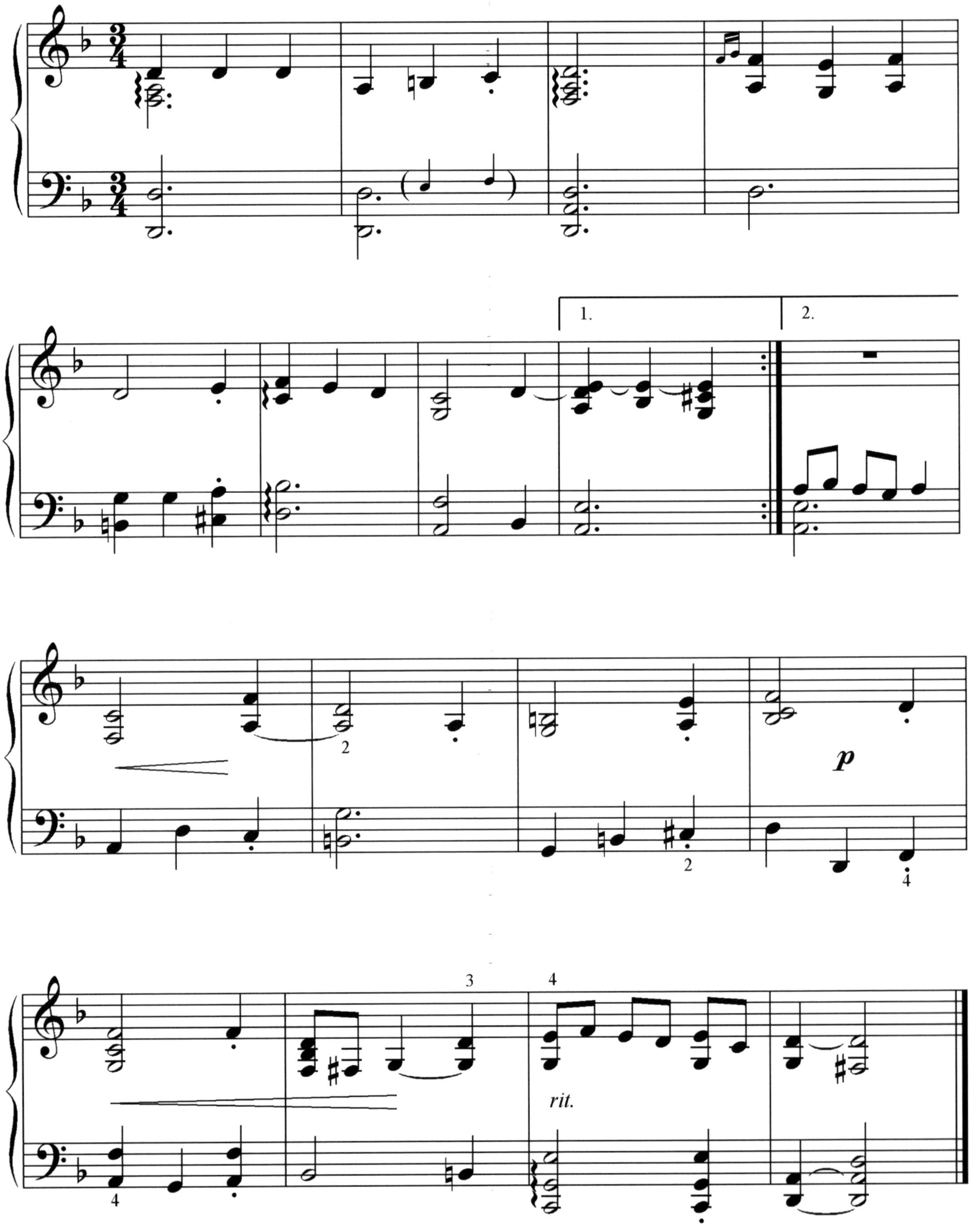

Axel Kemper-Moll 2017

1. 2.

p

rit.

Bajazzo

38-39

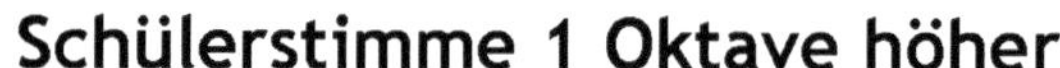

Schülerstimme 1 Oktave höher

Axel Kemper-Moll 2017

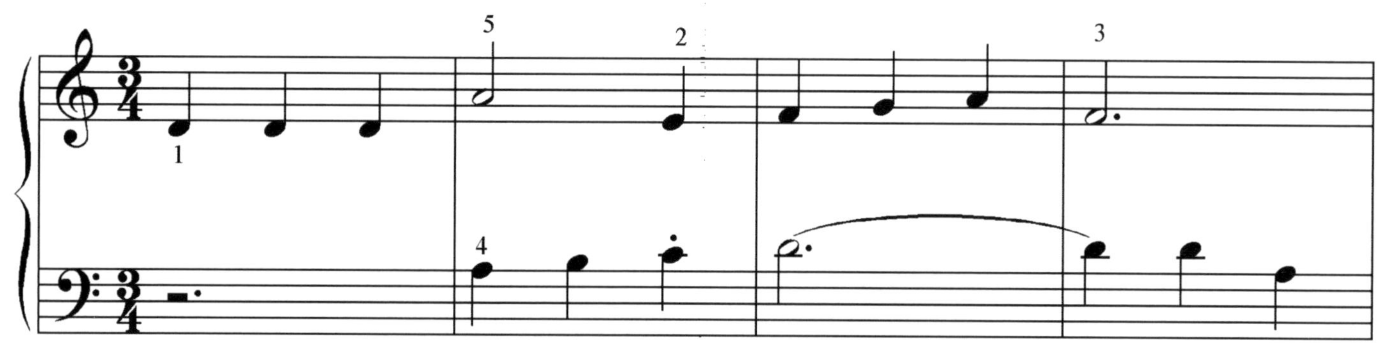

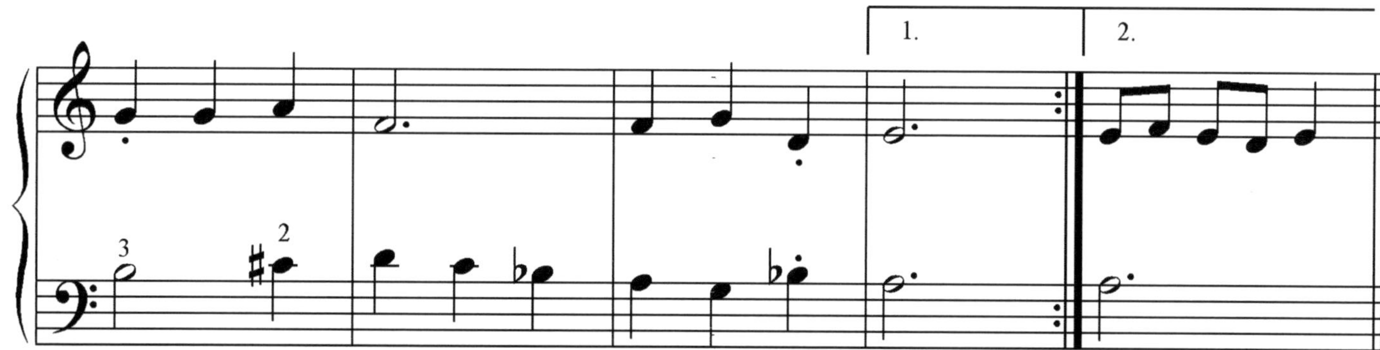

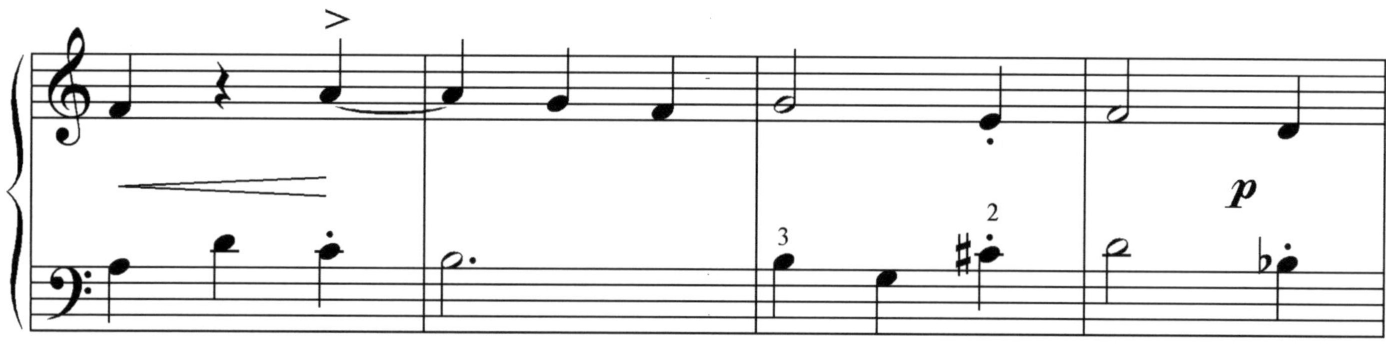

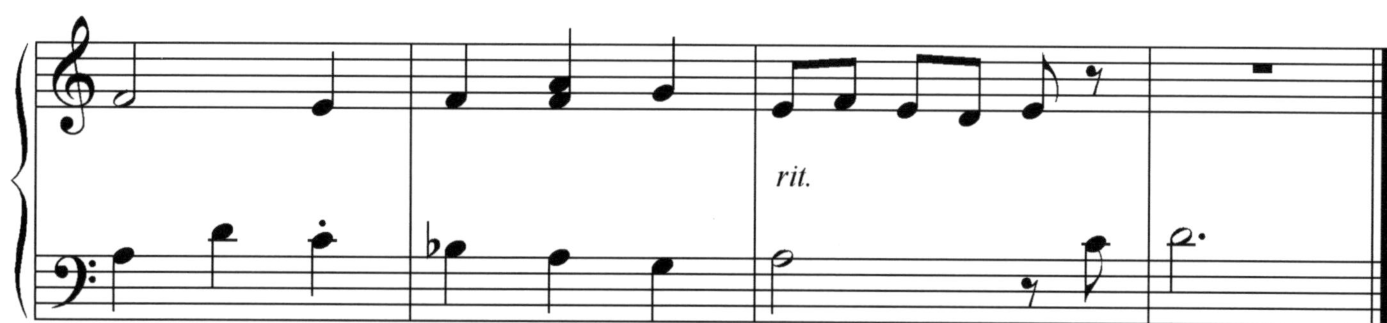

Beide Hände liegen hier eine Taste höher als bisher, d.h. beide Daumen liegen auf dem D´.

Lenas Walzer

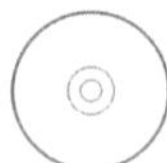

Lehrer (od. Melodie + Akkordsymbole s. Schülerstimme) **Axel Kemper-Moll 2017**

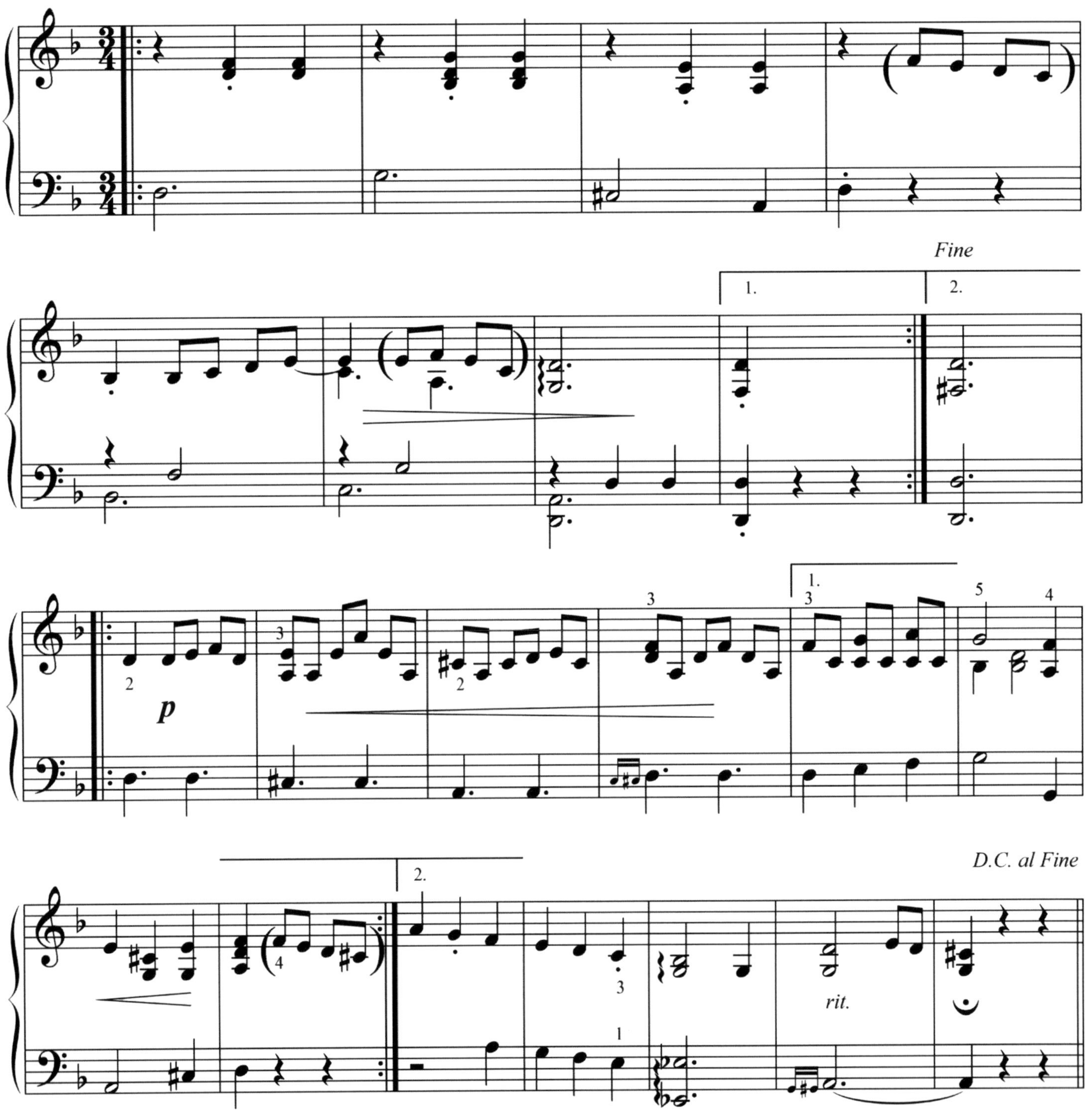

Fine

1. 2.

p

1.

2.

D.C. al Fine

rit.

Lenas Walzer

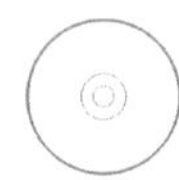

40-41

Schüler 8va **Axel Kemper-Moll 2017**

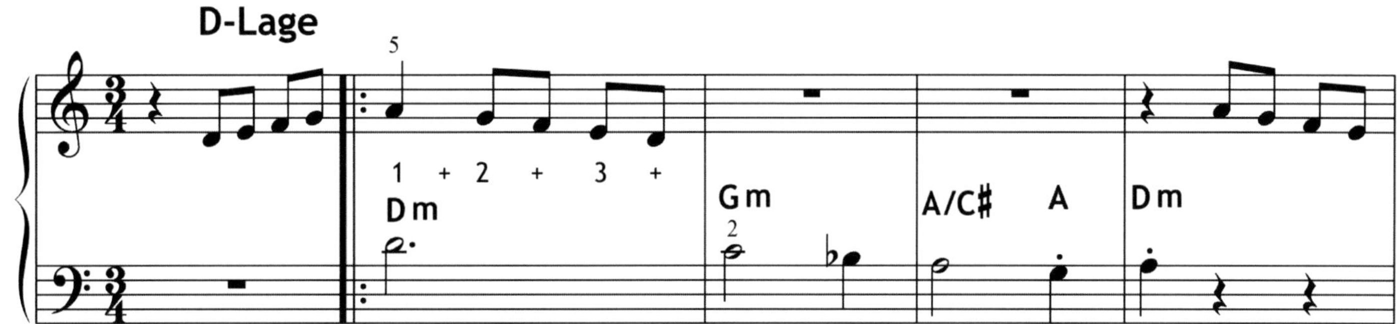

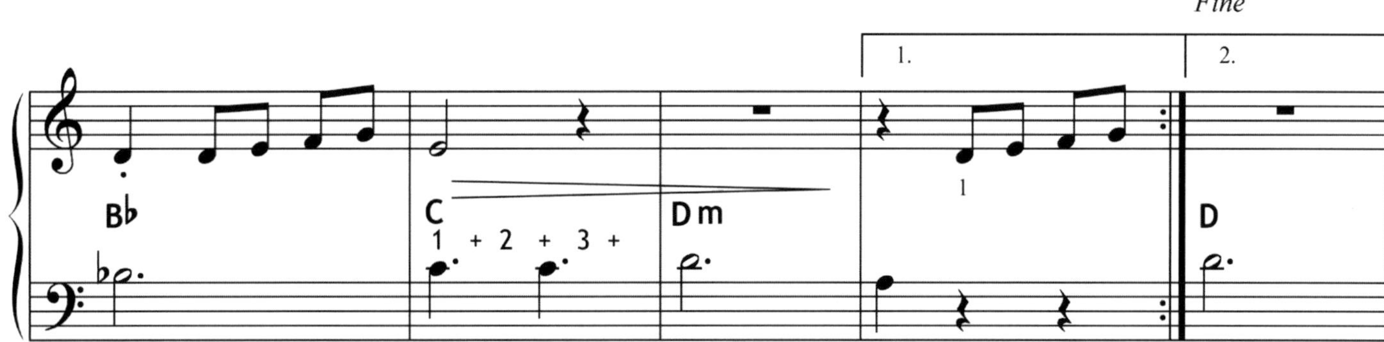

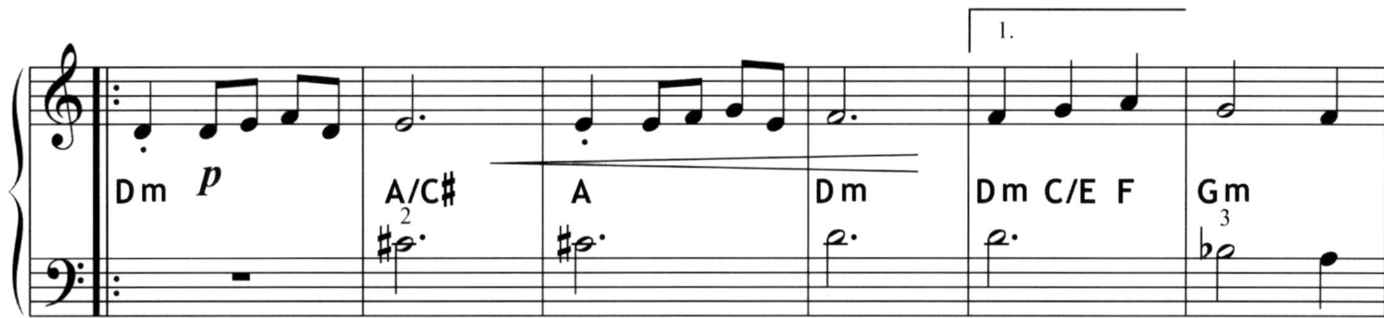

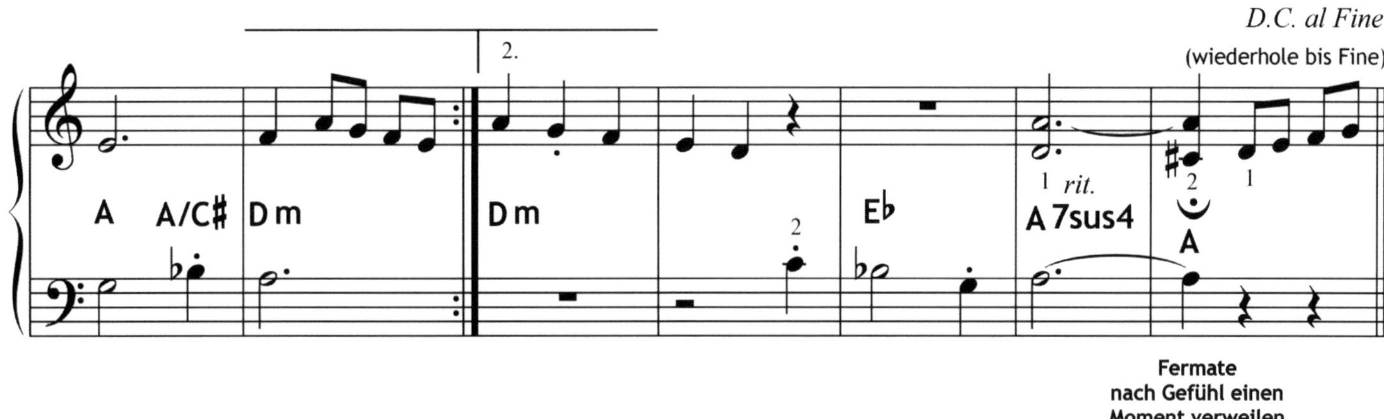

Erklärung Akkorde s. Band III (od. Jazz & Pop-Harmonielehre von Axel Kemper-Moll / Voggenreiter)

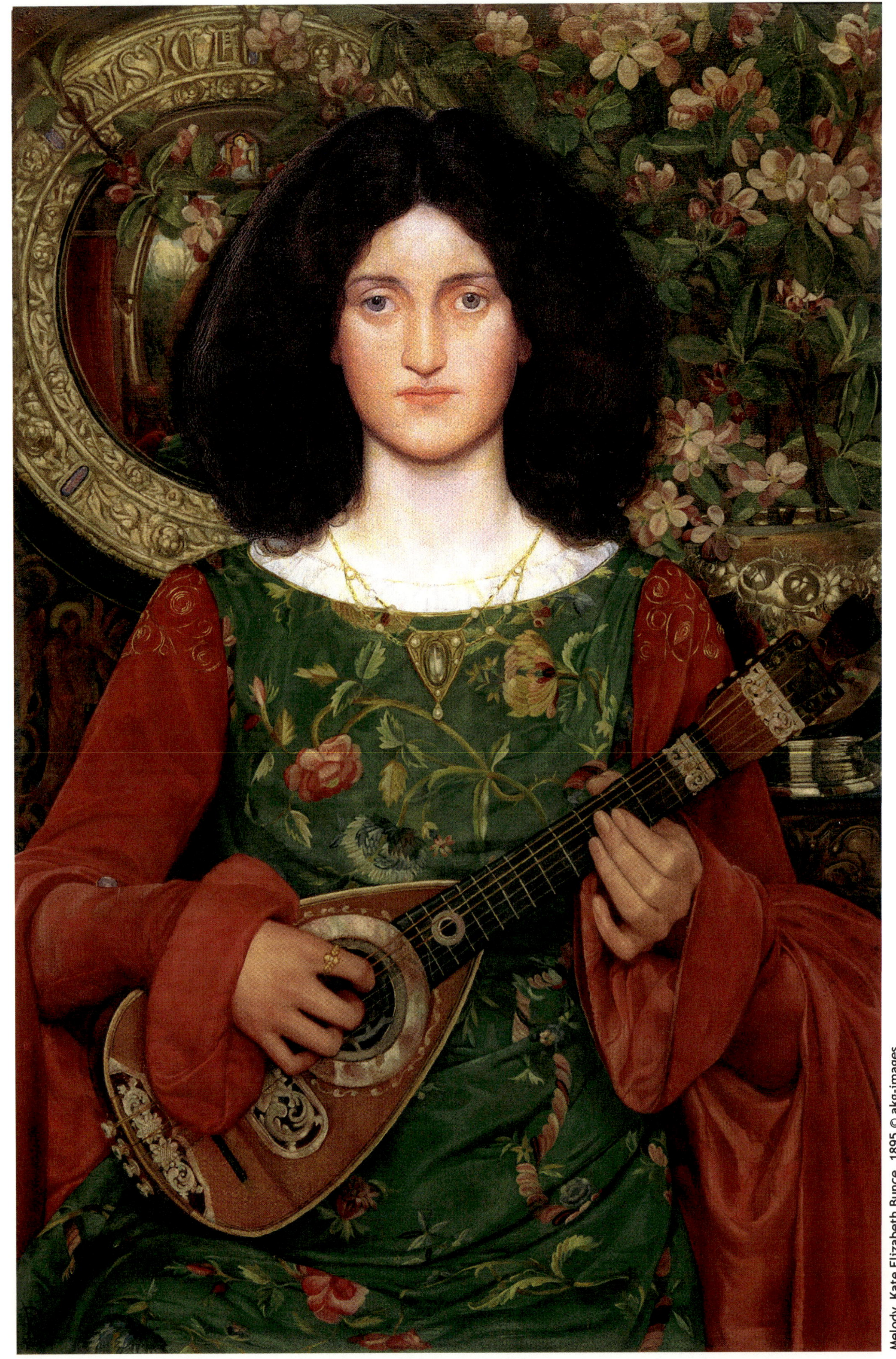

Melody, Kate Elizabeth Bunce, 1895 © akg-images

Lagenwechsel & Daumenuntersatz

Das folgende Stück heißt: "Phantasiereise ins Mittelalter". Auf der CD findet Ihr zusätzlich eine kleine Mittelalter-Band. Ihr solltet jedoch zuerst solange ohne die CD üben, bis Ihr Euch beim Zusammenspiel nicht mehr gehetzt fühlt. Es gibt zusätzlich eine langsame Version.
In den beiden ersten Zeilen liegen die beiden Daumen wie im Französischen Volkslied auf D. Wiederholt hierfür das D-Lagentraining.
In der dritten Zeile liegt die linke Hand in der altbekannten Lage (Daumen auf dem Mittel C, s. Fingersatz). Die rechte Hand wechselt für zwei Takte in die neue F-Lage:

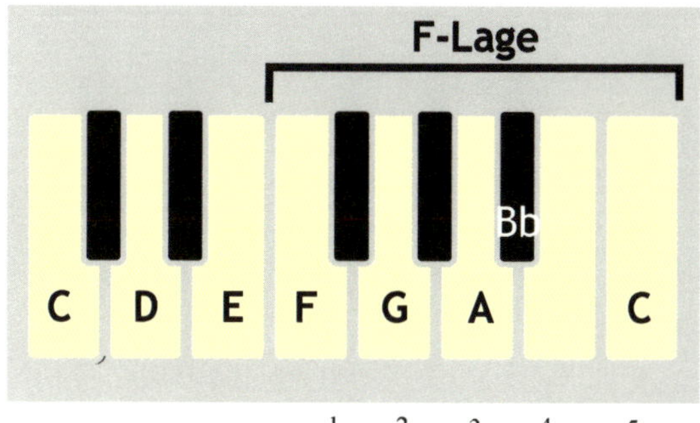

F-Lagentraining

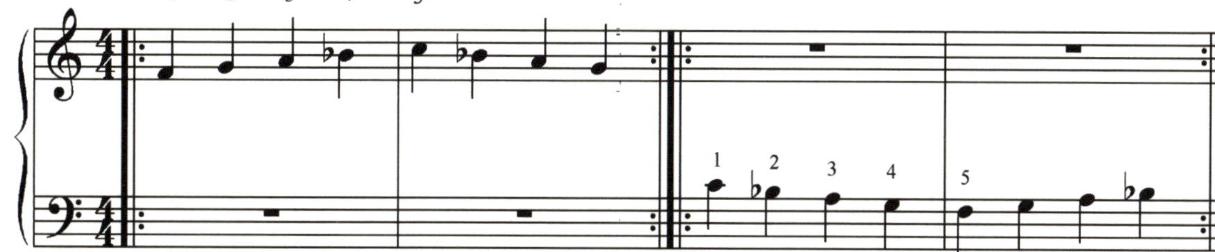

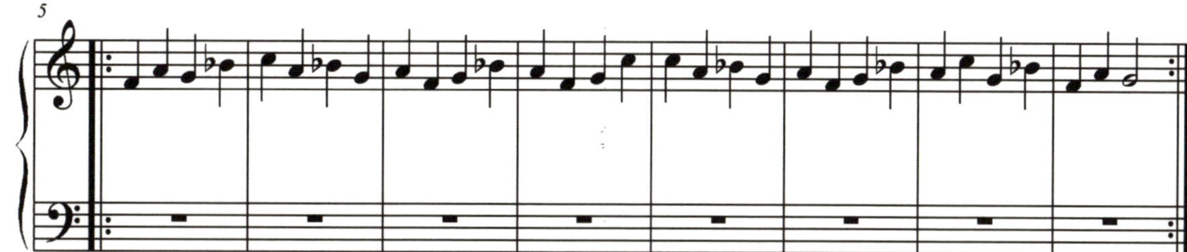

Der Daumen-Untersatz & Daumen-Übersatz

ist eine sehr elegante Möglichkeit des Lagenwechsels ohne dabei zu springen.
Beim Wechsel von der C-Lage in die F-Lage (letzte Zeile) wird der Daumen hier unter den Fingern 2-3 durchgeschoben, Daumen über/nicht hinter den Tasten, ohne das Handgelenk anzuheben (s. Foto1).

Hierbei ist es wichtig, den Daumen weit unter die Hand zu schieben (nicht das ganze Handgelenk zu drehen). Bei hohem Tempo wird das reduziert, nur die Hand verschoben. Das Handgelenk soll dabei (fast) parallel zur Tastatur bleiben. Die Hand bleibt geradeaus (->12:00 Uhr) Für höhere Geschwindigkeiten wäre eine Handdrehung (-> 10:00 Uhr) ein Hindernis. Bogenstatik der Finger 2-4 und Position kurz vor den schwarzen Tasten geben Raum für den Daumen und verhindern Vor- & Zurückrutschen (Daumen nicht hinter die Tasten). Die selben Regeln gelten für den Daumenübersatz. Anbei eine kleine

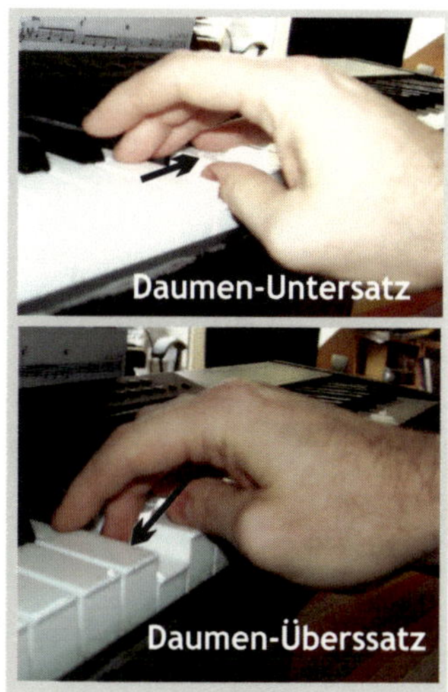

Daumen-Untersatzübung

Achte darauf, dass sich die Finger 1 & 3 ebenso ablösen wie die Finger 2 & 3. Beim Legatospiel geht die eine Taste runter, während die andere Taste hoch geht.

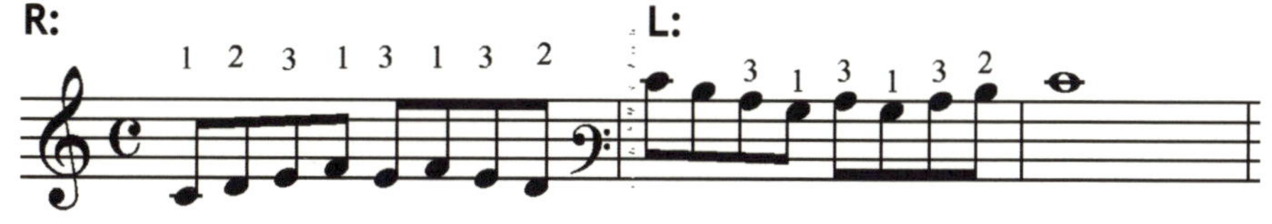

Medieval Song

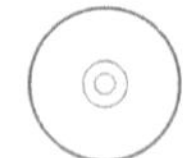

Phantasiereise ins Mittelalter

Axel Kemper-Moll 2005

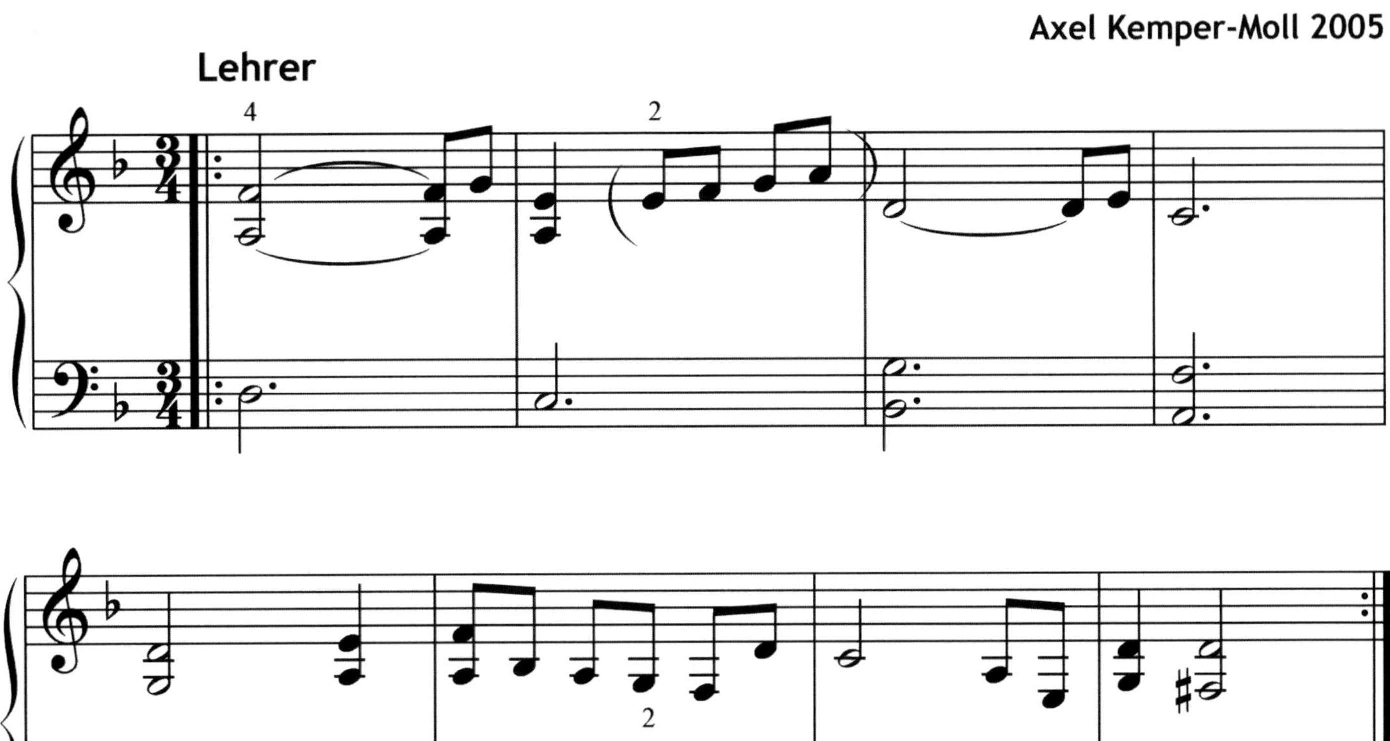

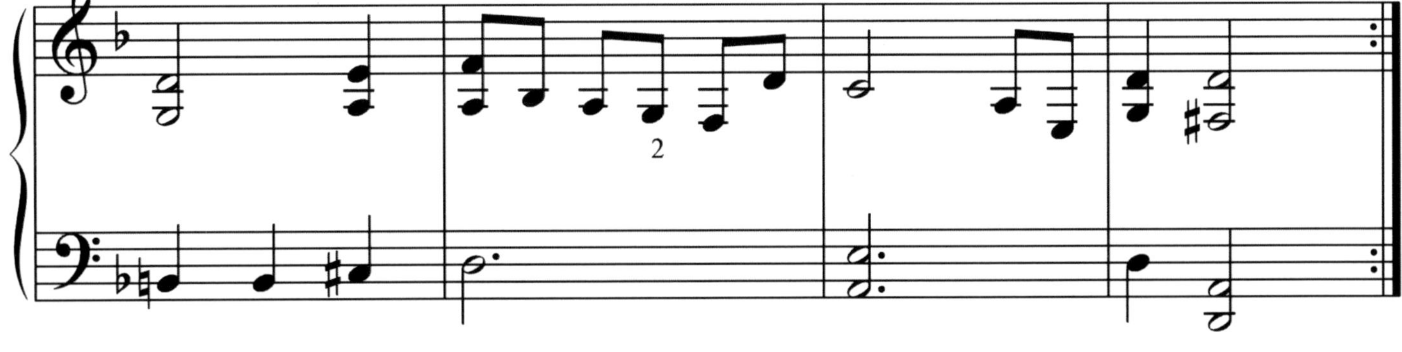

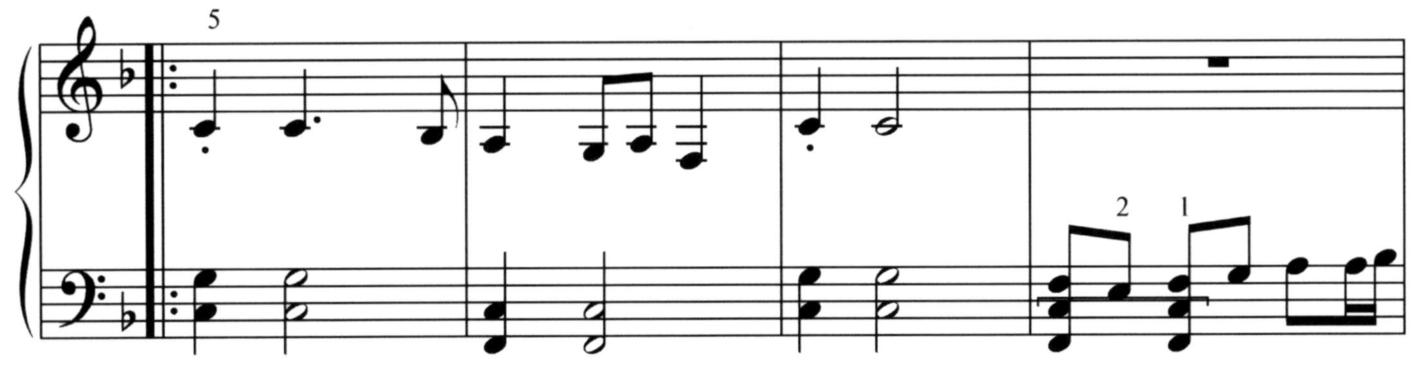

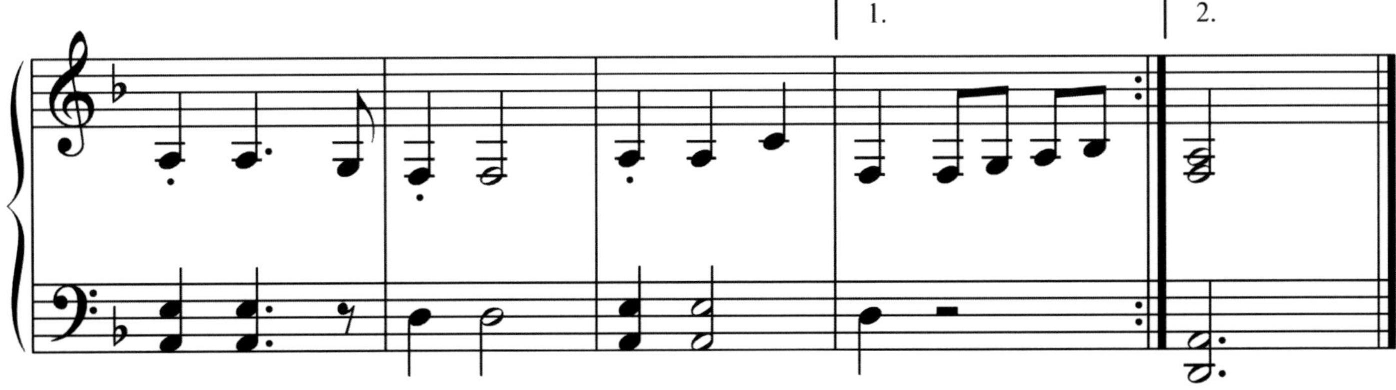

Medieval Song

Phantasiereise ins Mittelalter

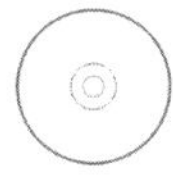
42-45

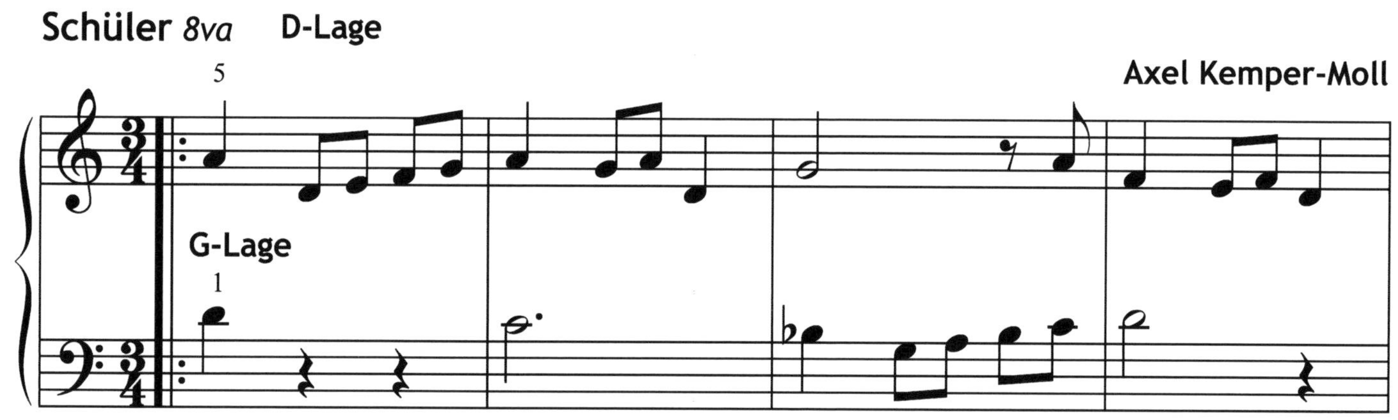

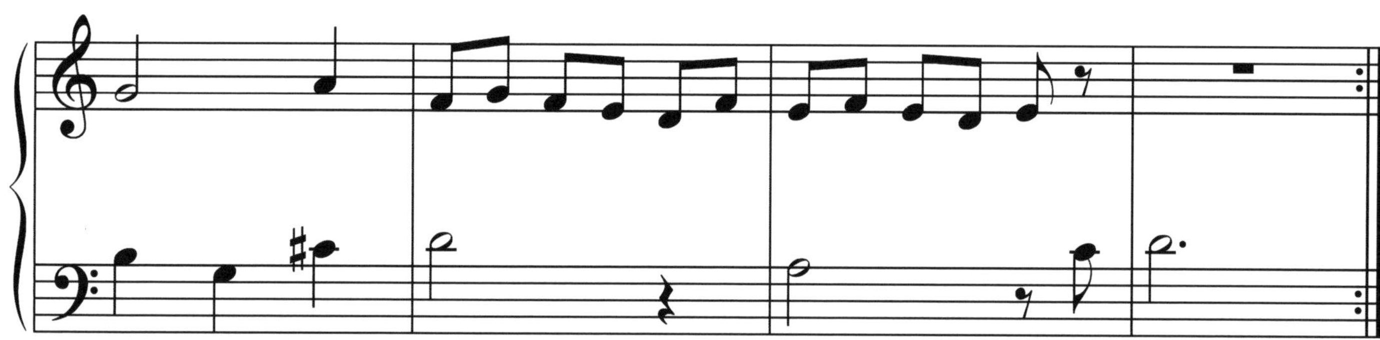

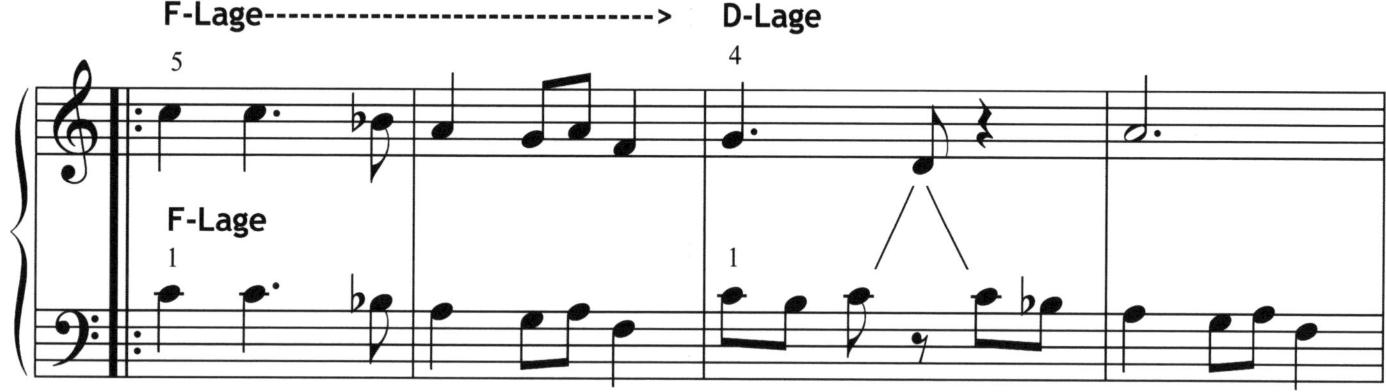

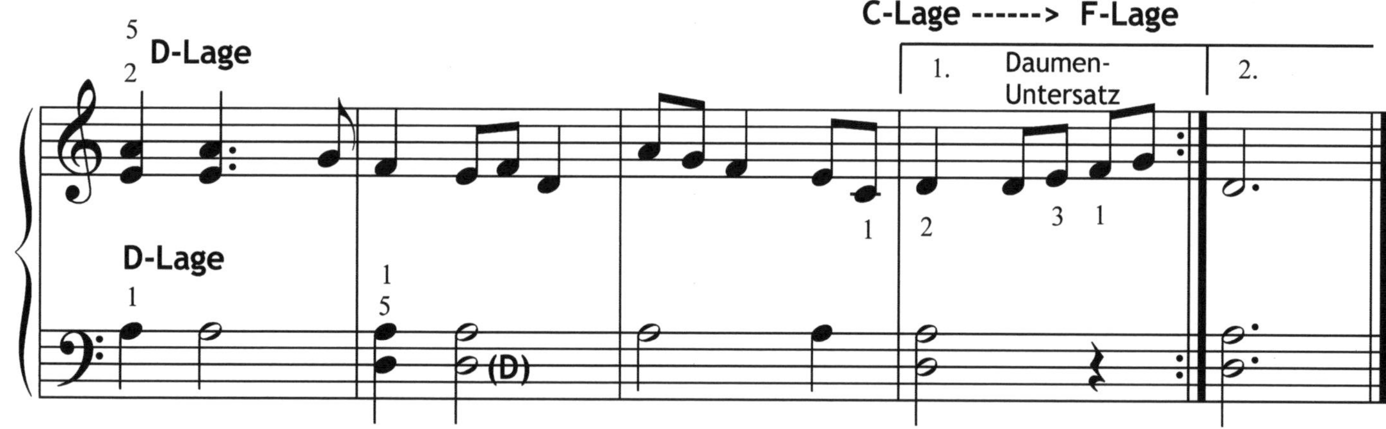

Openbeach Funk

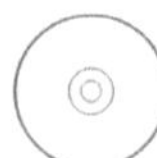

Lehrer

Axel Kemper-Moll 2017

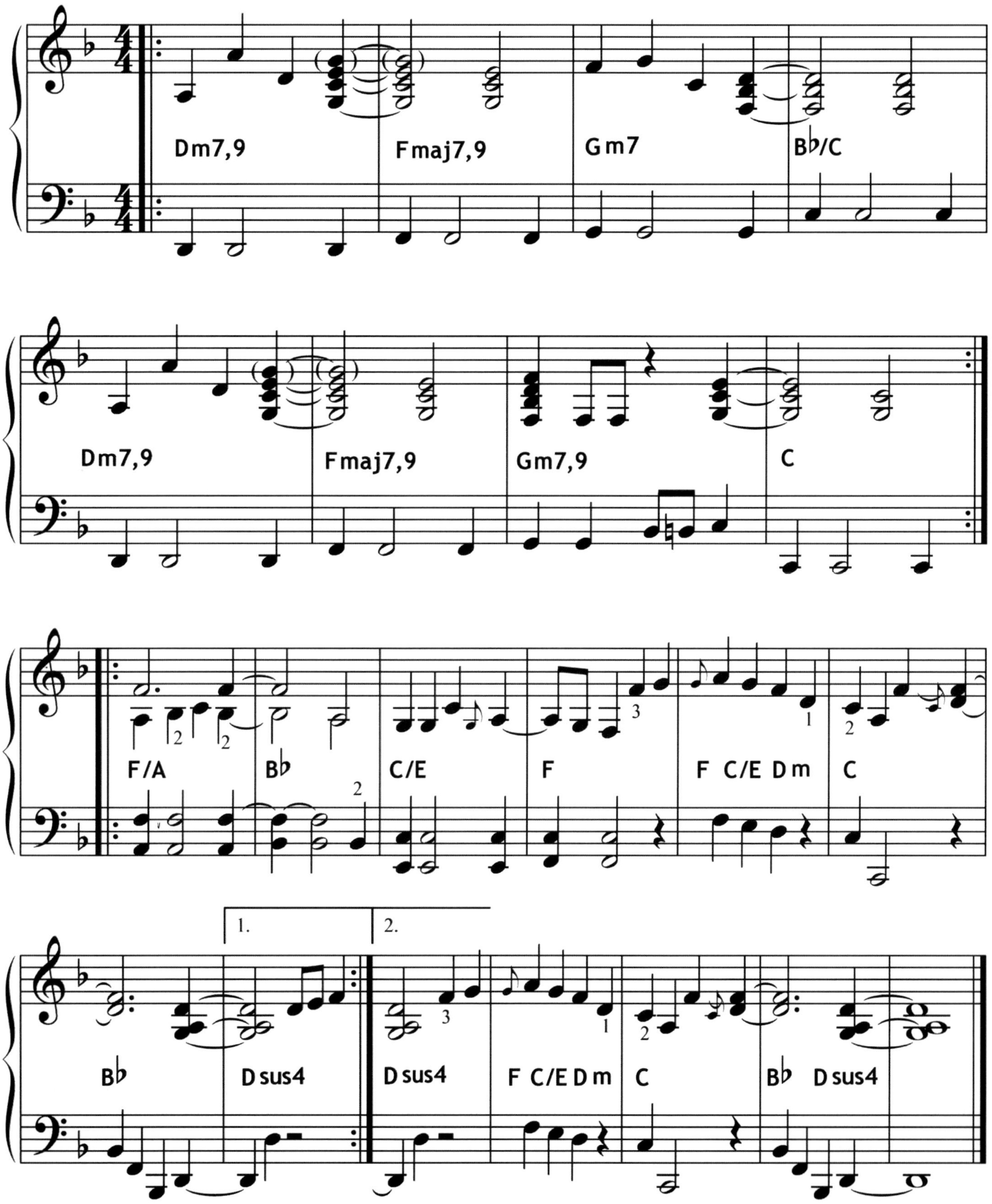

Dm7,9 | Fmaj7,9 | Gm7 | B♭/C

Dm7,9 | Fmaj7,9 | Gm7,9 | C

F/A | B♭ | C/E | F | F C/E Dm | C

1. 2.

B♭ | Dsus4 | Dsus4 | F C/E Dm | C | B♭ Dsus4

Openbeach Funk

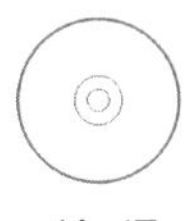
46-47

Schülerstimme 1 Oktave höher

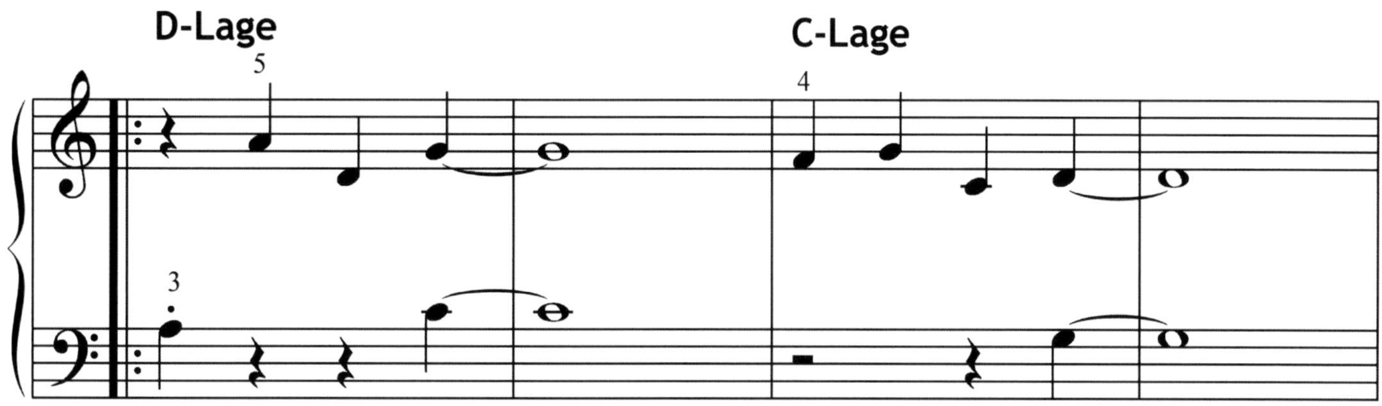

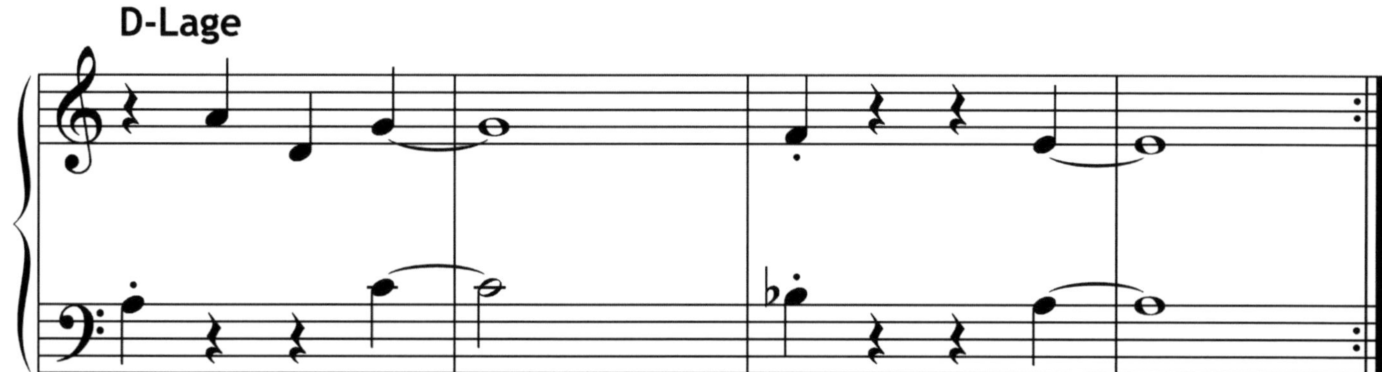

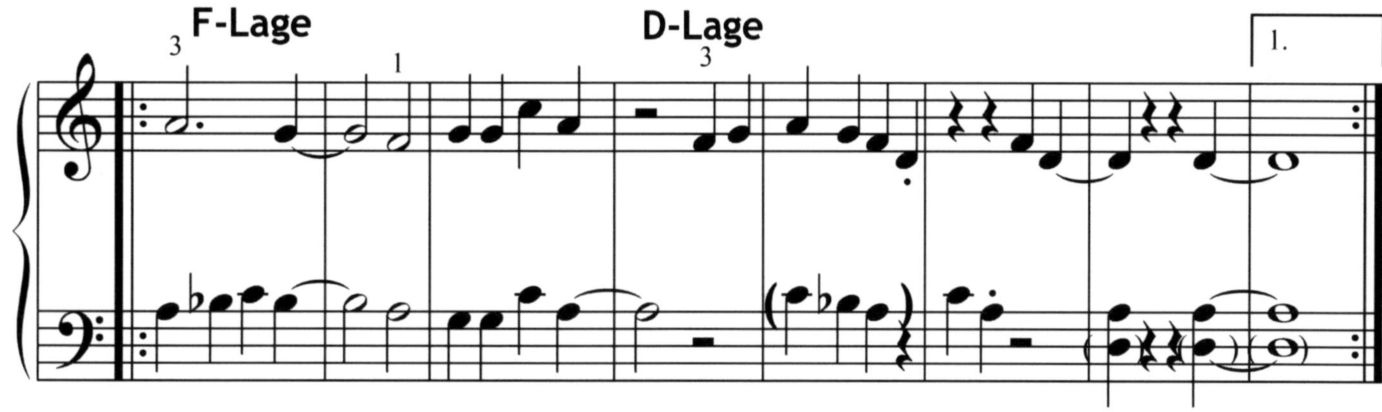

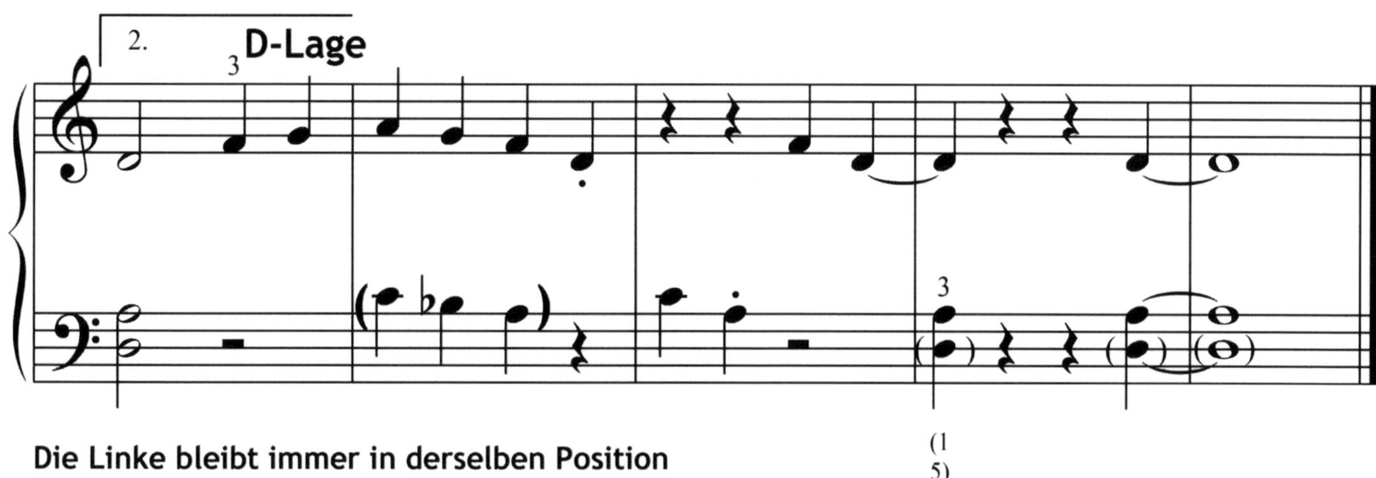

Die Linke bleibt immer in derselben Position

(1
5)

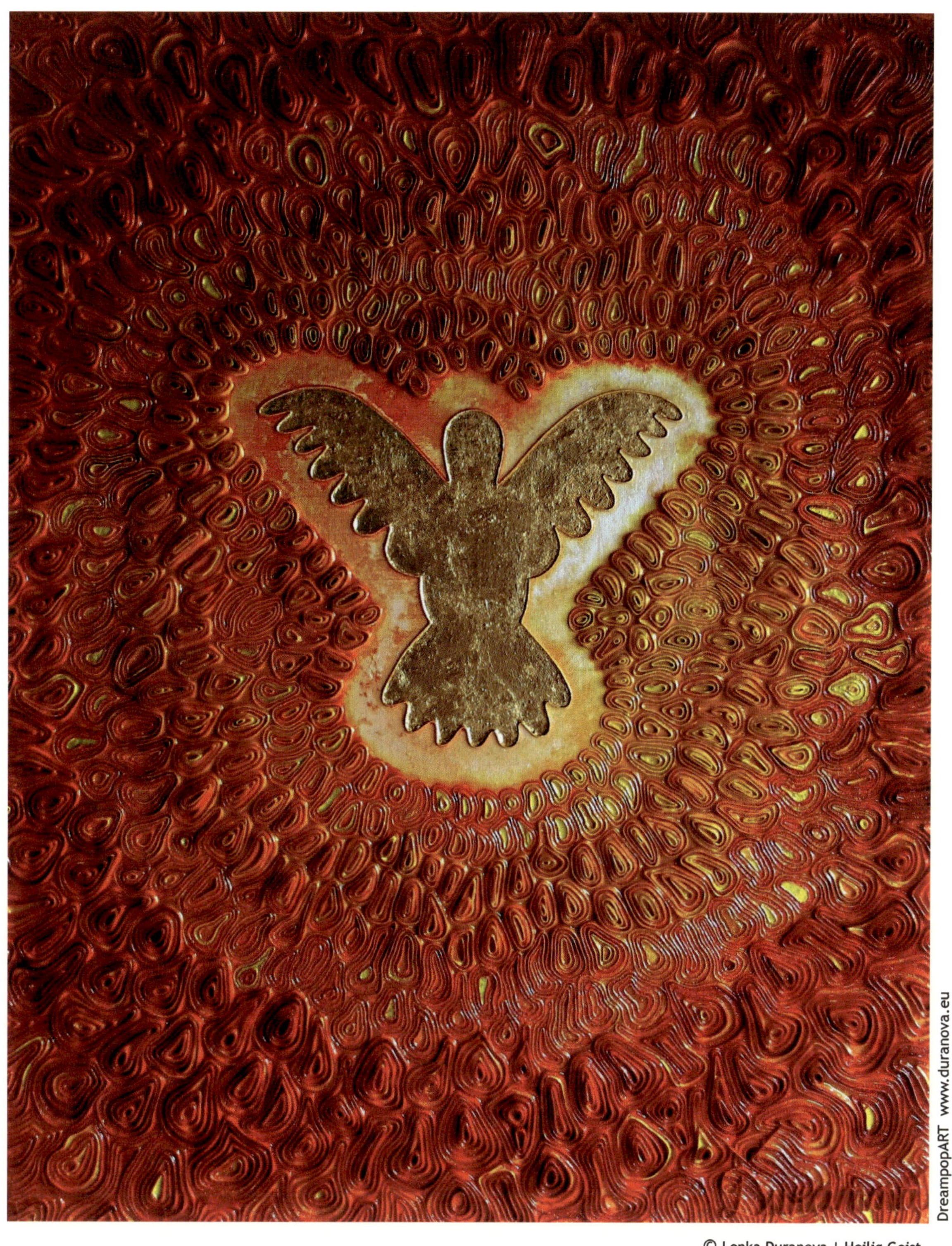

© Lenka Duranova | Heilig Geist

4. Weihnachtslieder

leicht bis mittel:

Jingle Bells

Oh du fröhliche

So nimm denn meine Hände

Stille Nacht

Jingle Bells

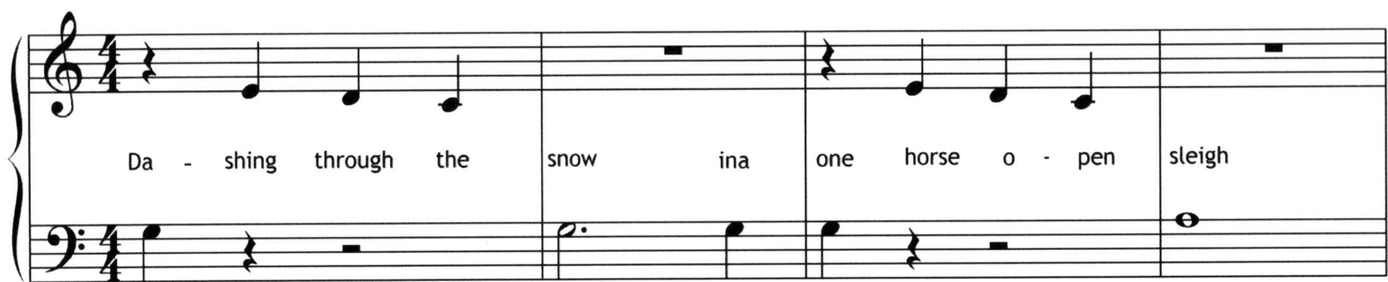

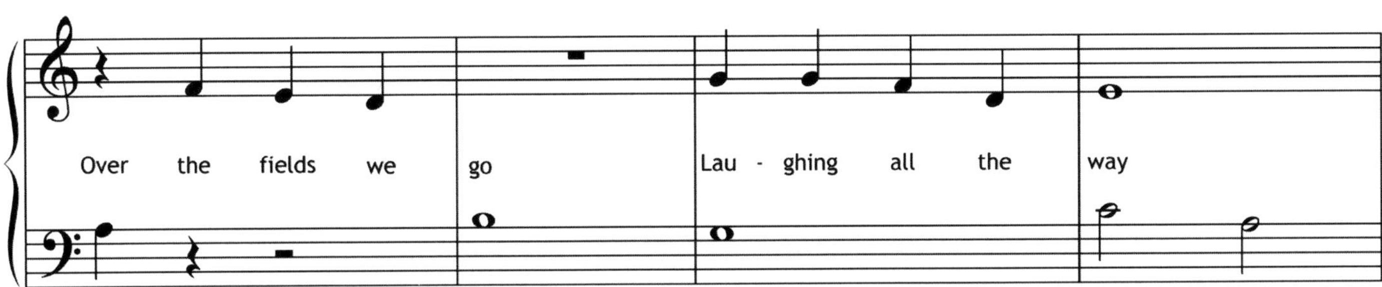

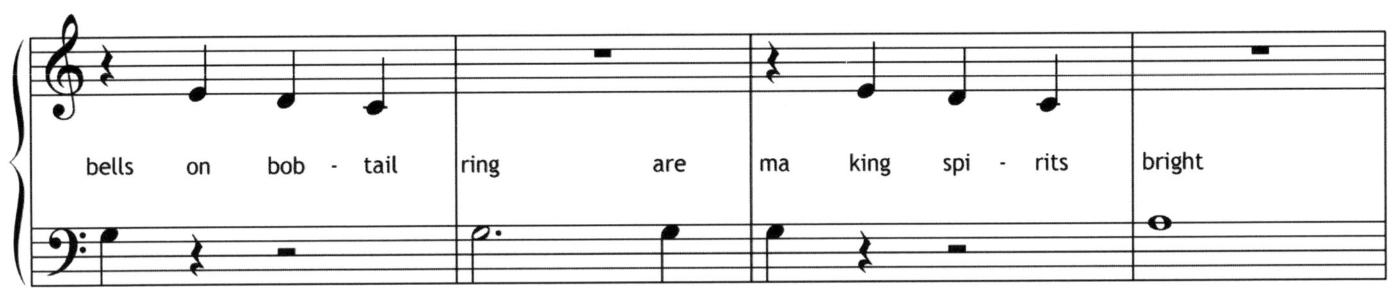

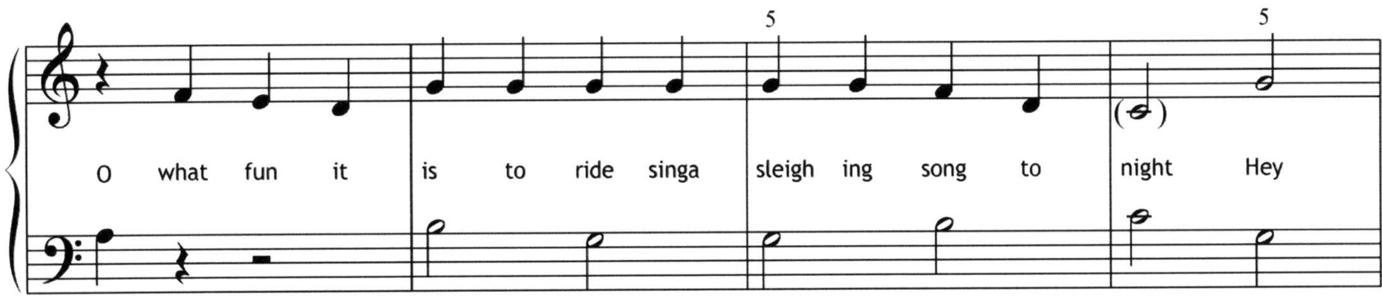

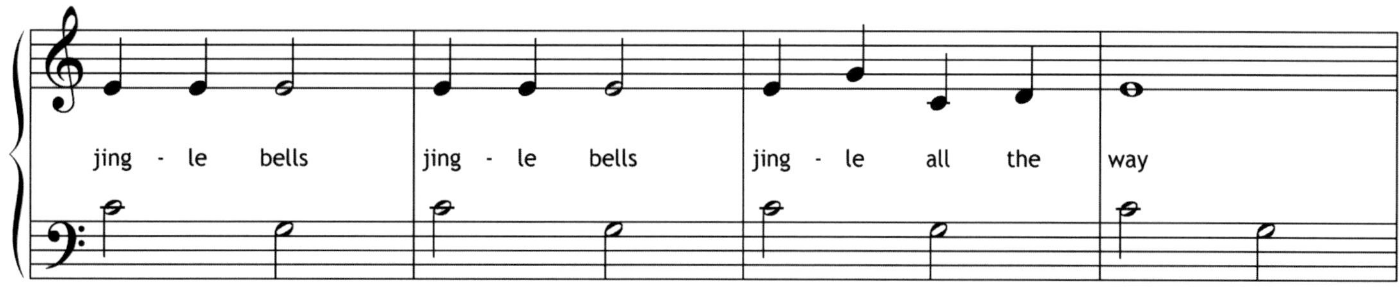
jing - le bells
jing - le bells
jing - le all the
way

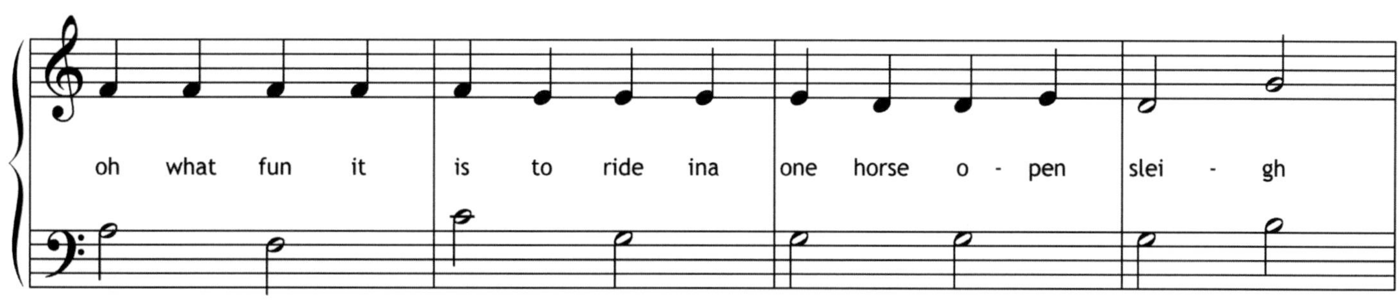
oh what fun it
is to ride ina
one horse o - pen
slei - gh

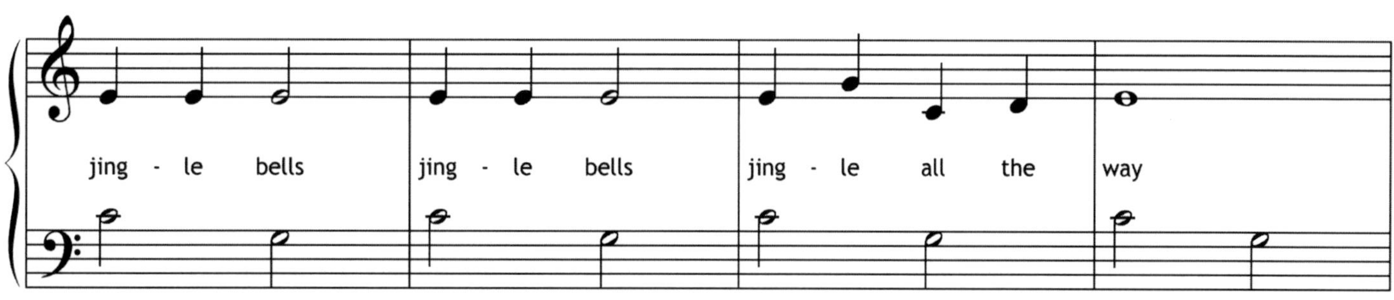
jing - le bells
jing - le bells
jing - le all the
way

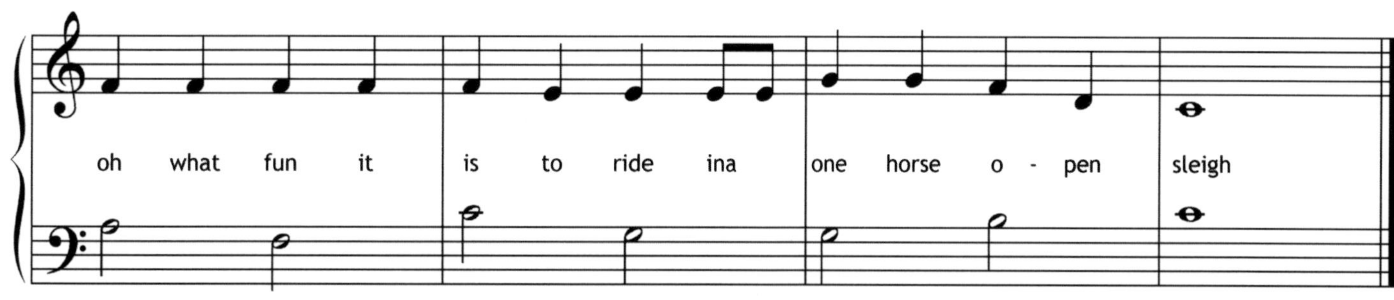
oh what fun it
is to ride ina
one horse o - pen
sleigh

Oh du fröhliche

Bearbeitung: Axel Kemper-Moll

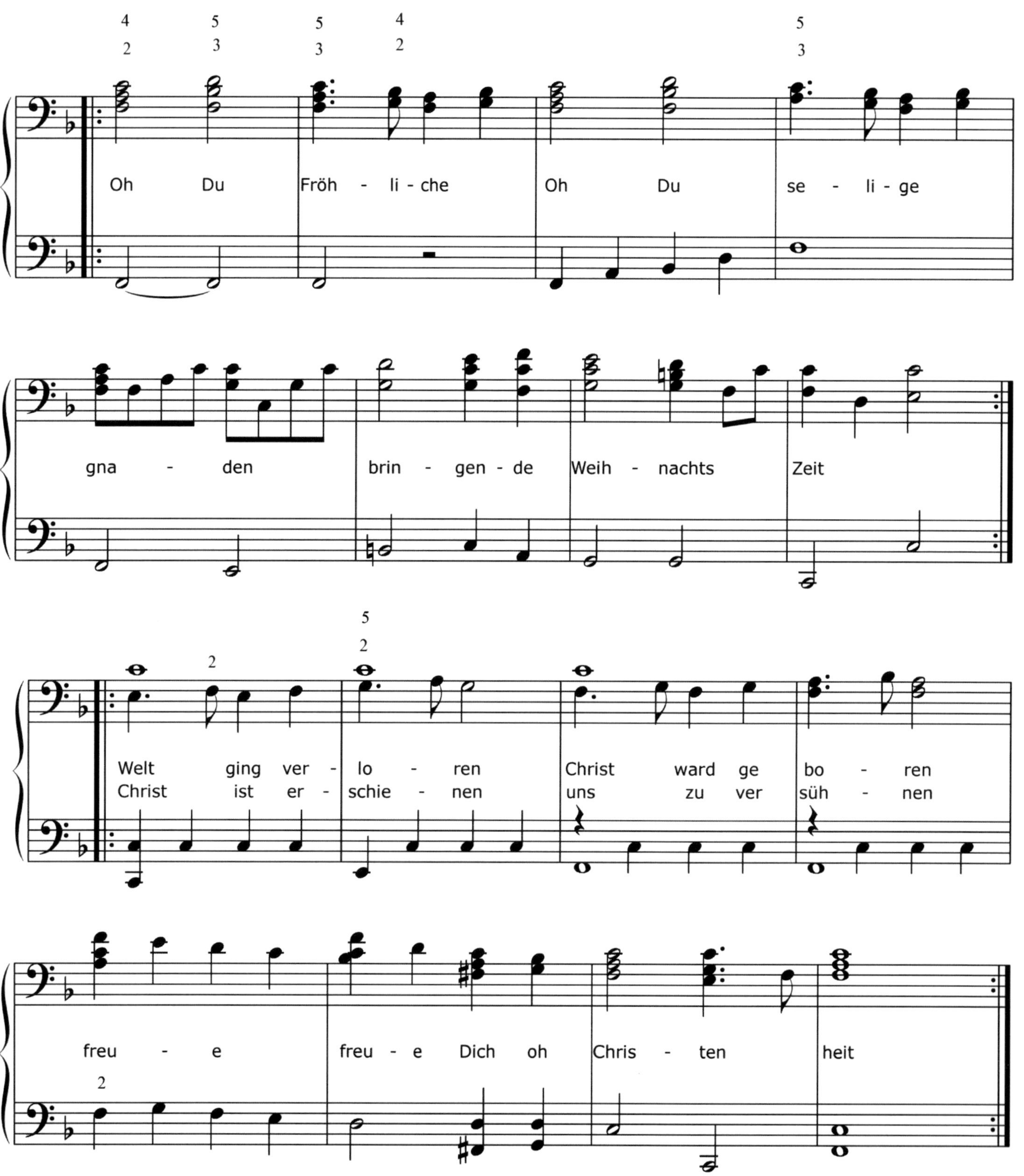

Oh du fröhliche

Schüler *8va*

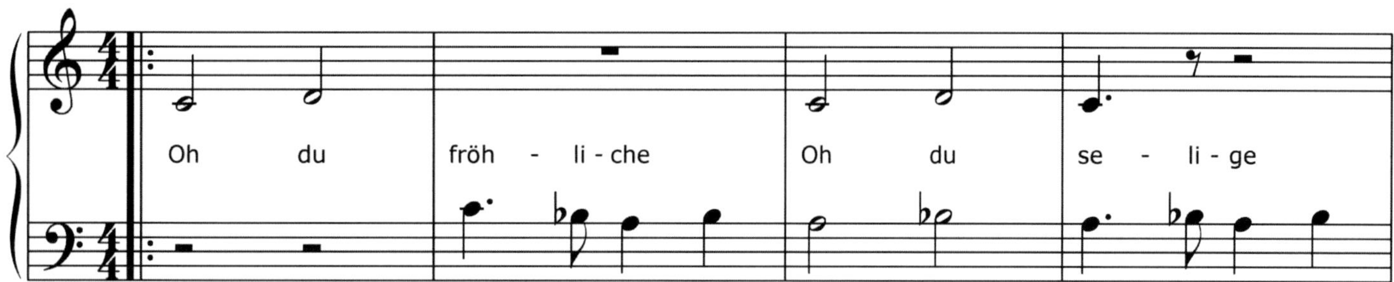

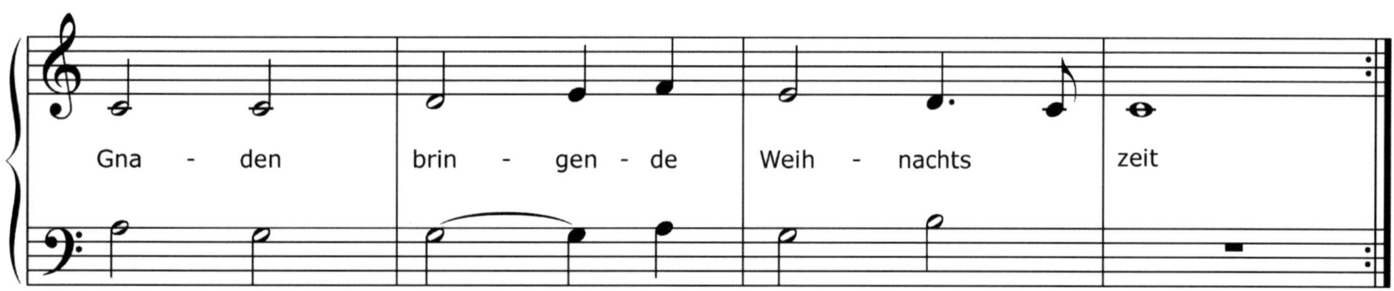

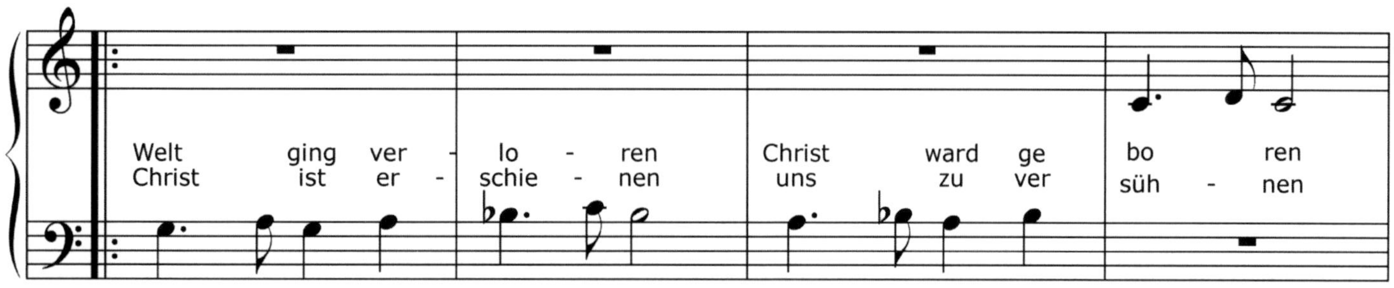

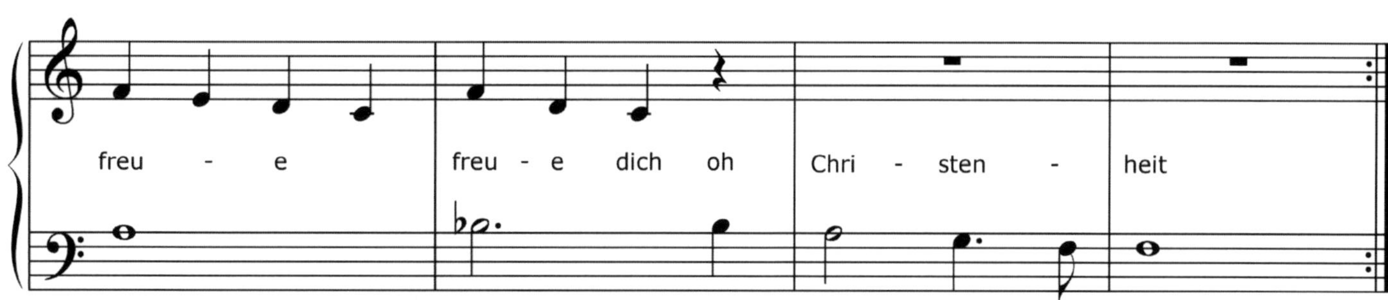

So nimm denn meine Hände

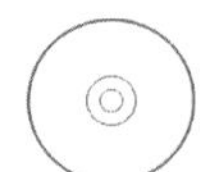

Friedrich Silcher
Satz: Alexis Hollaender
Bearbeitung: Axel Kemper-Moll

Lehrer

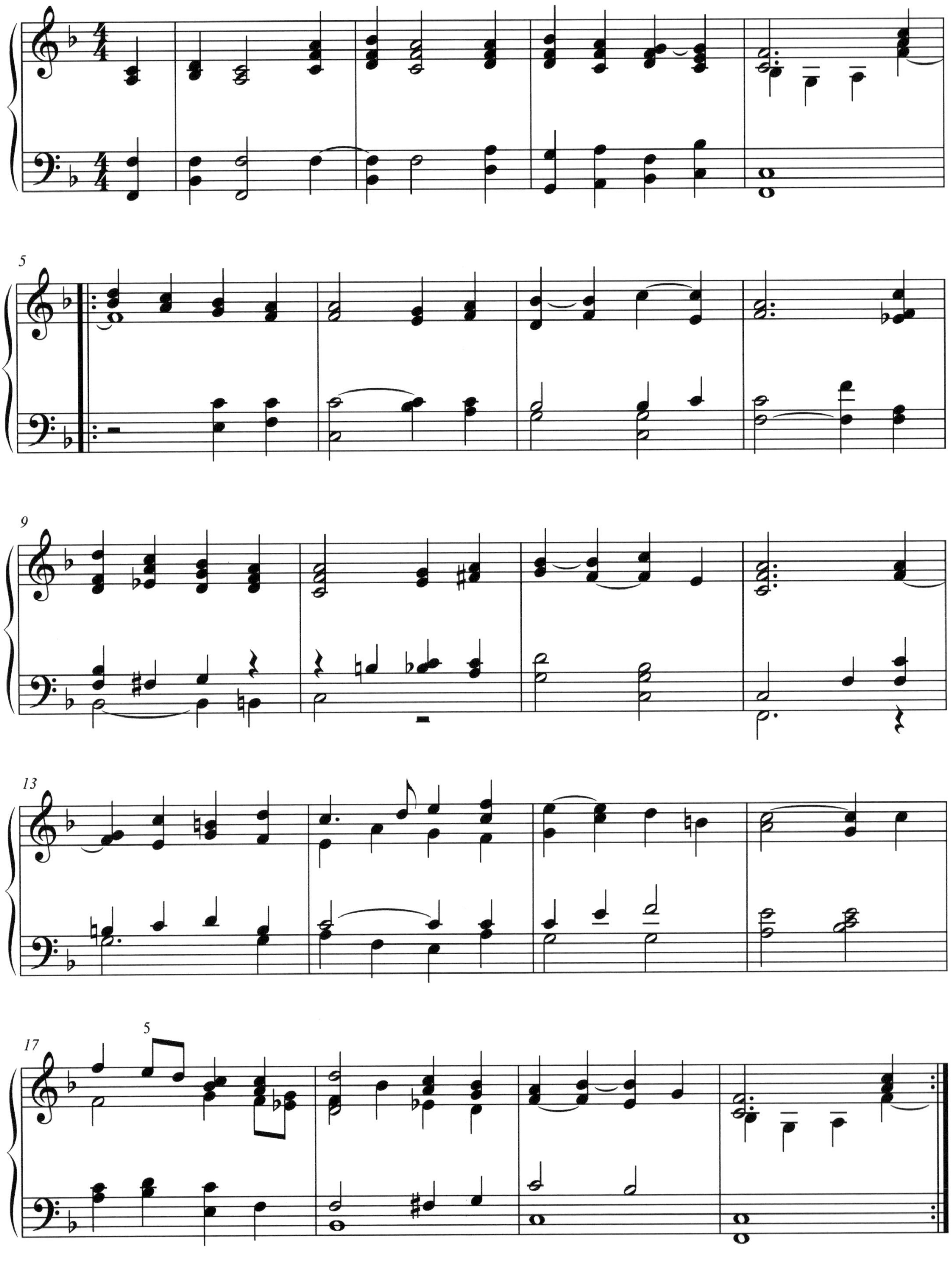

5

9

13

17

5

So nimm denn meine Hände

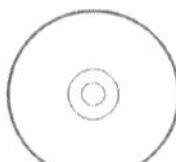

Schüler 16va

Friedrich Silcher

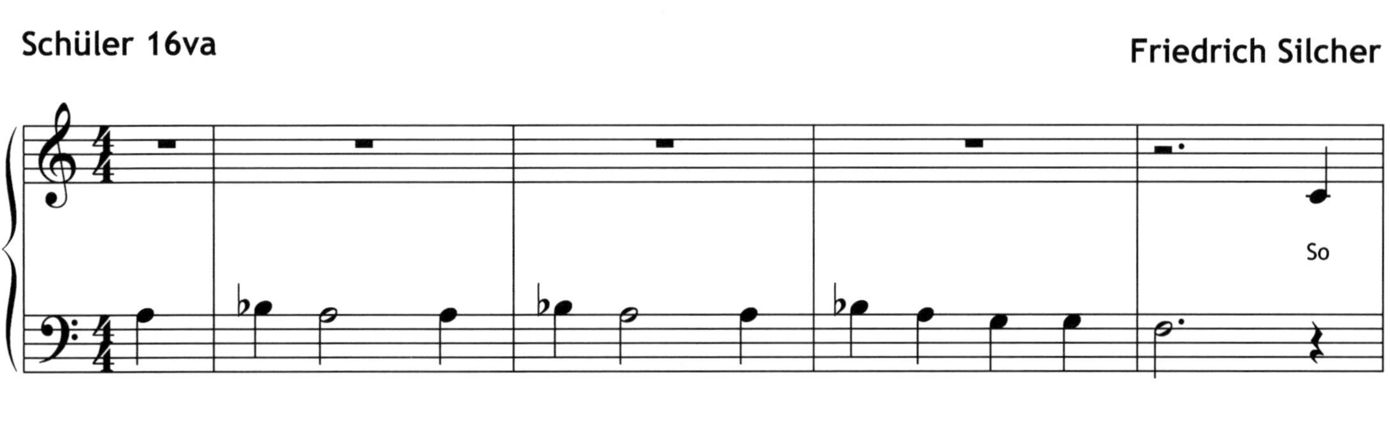

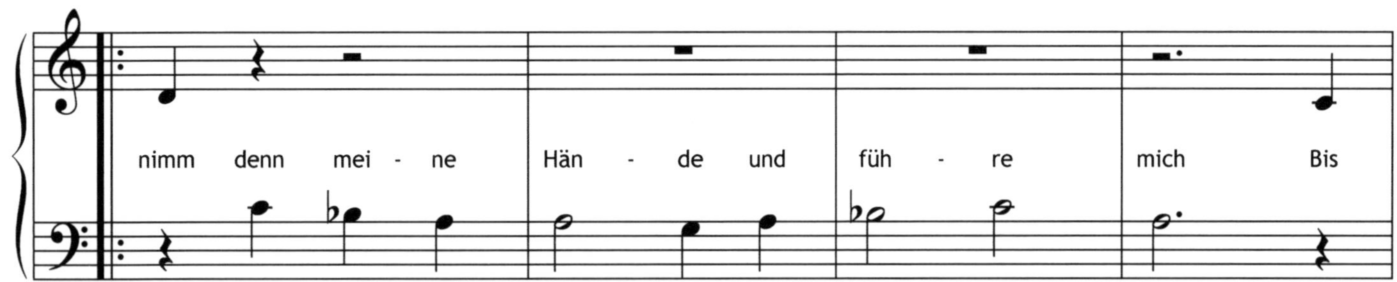

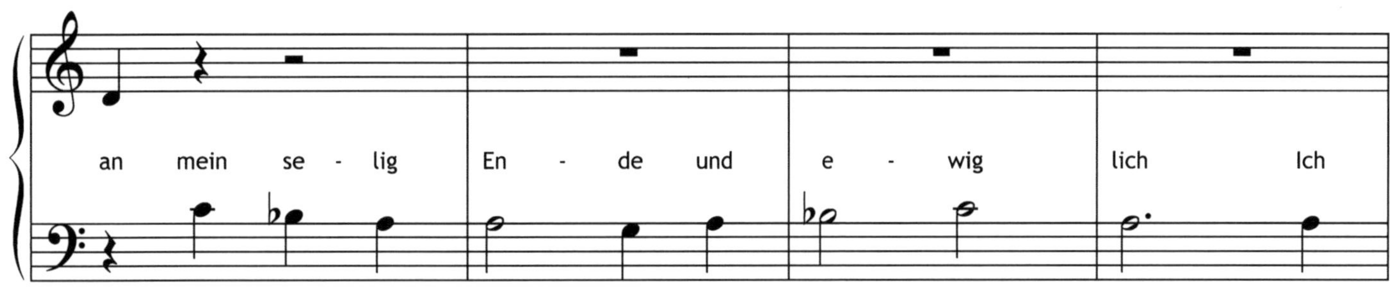

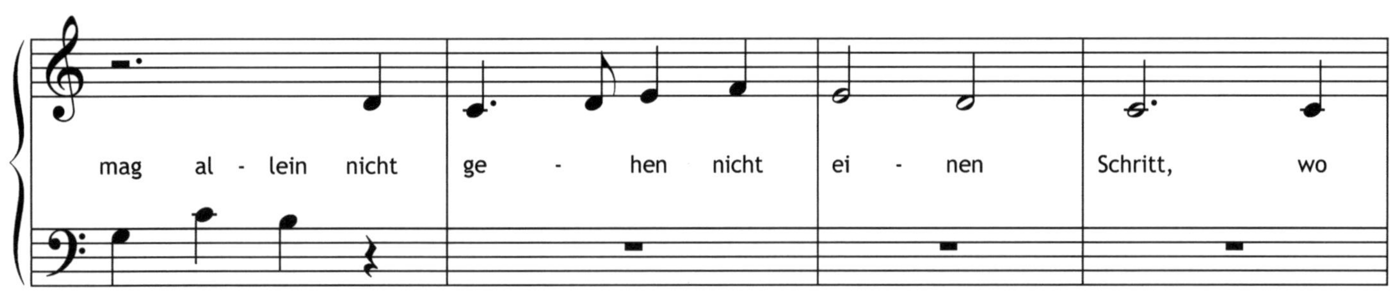

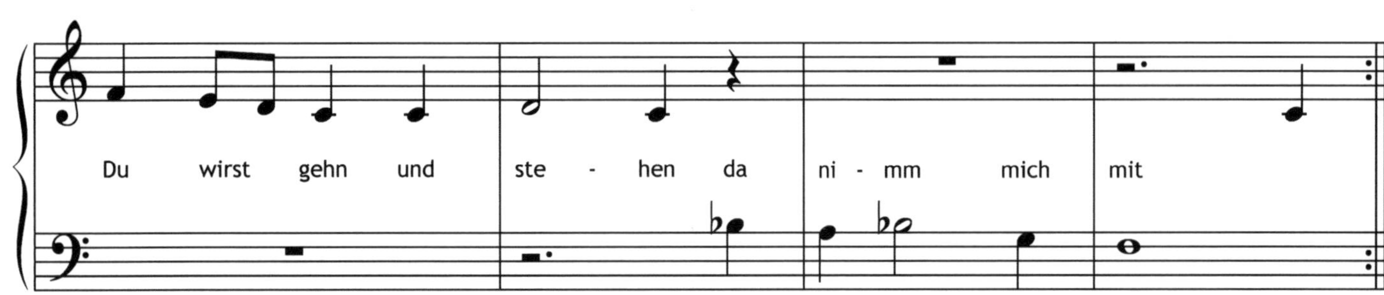

Stille Nacht

Bearbeitung: Axel Kemper-Moll

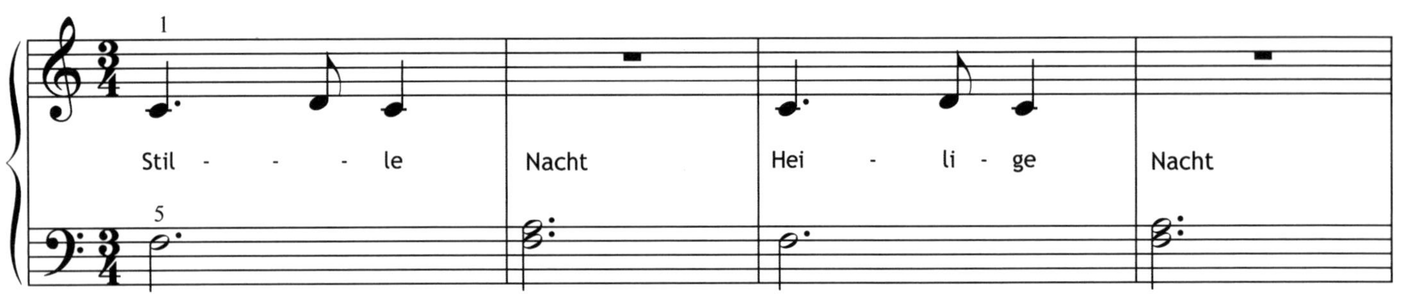

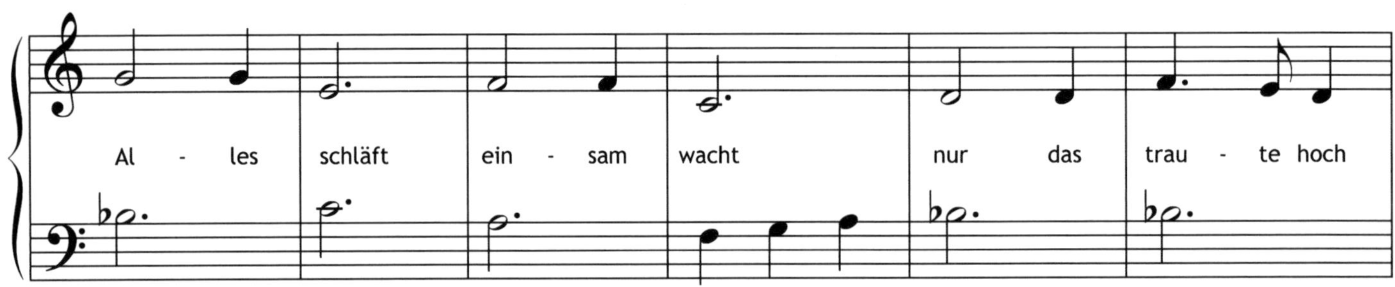

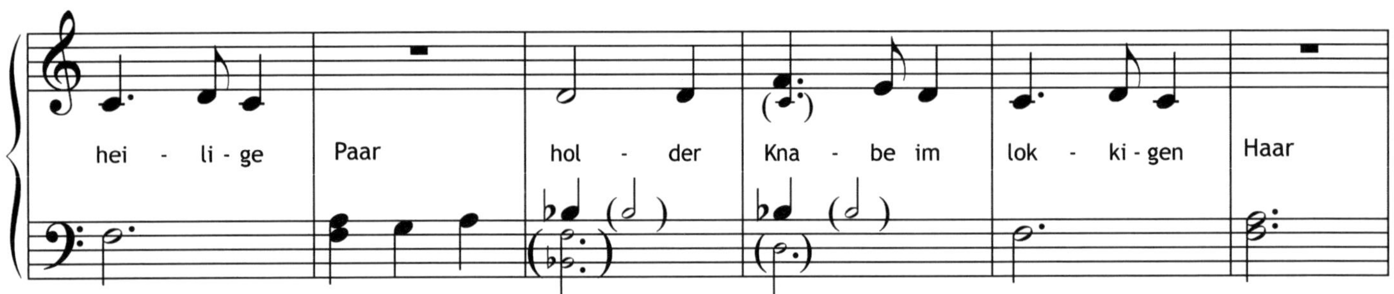

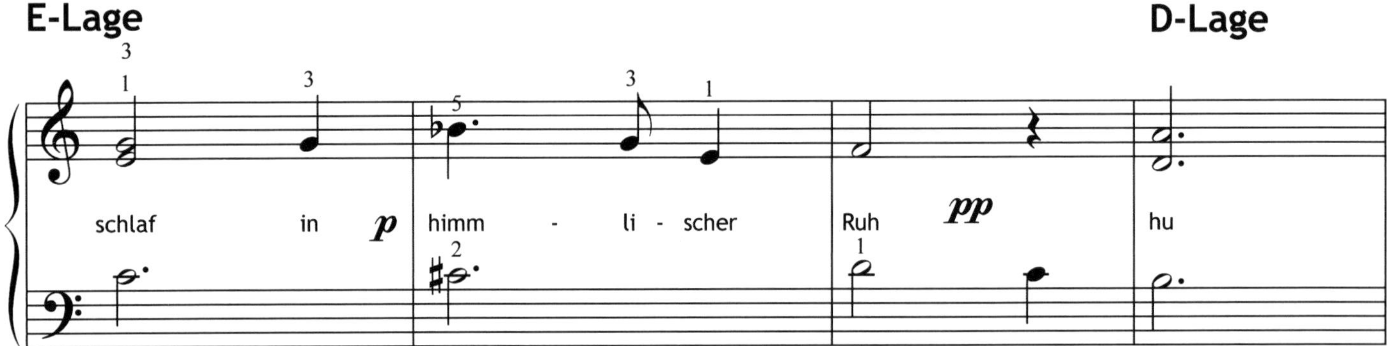

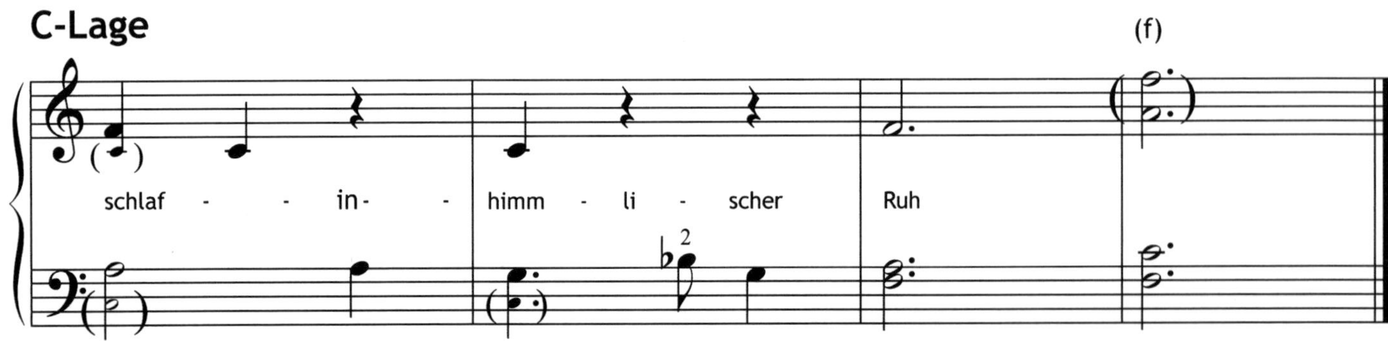

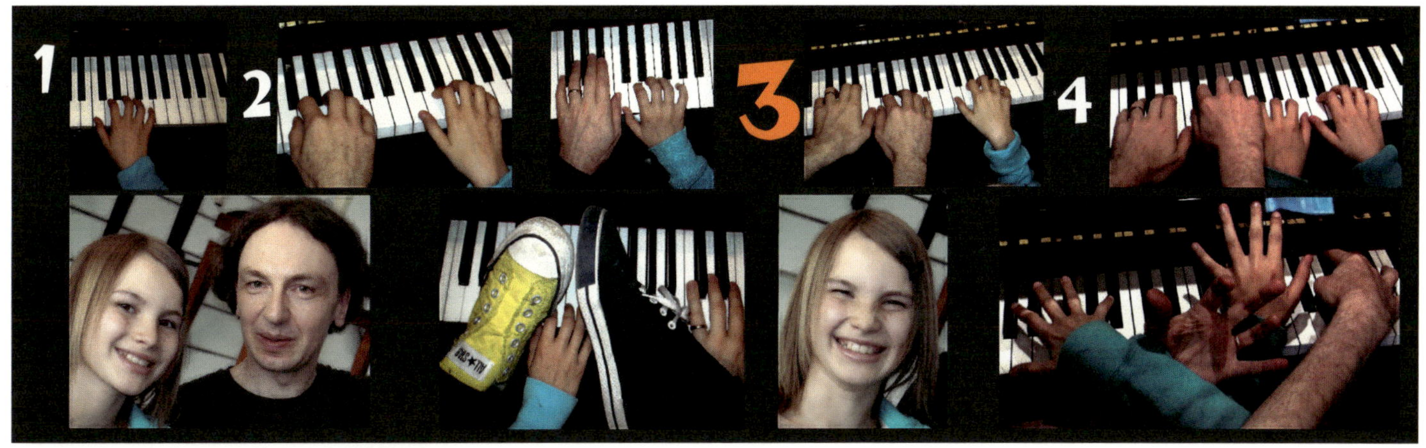

MACH MEHR MUSIK!

1 - 4 händiges Konzept

Mehr Musik machen im Unterricht macht Lernen durch Imitation möglich. **Dynamik Phrasierung, Notenlängen und selbst Haltung, lockeres Spiel, ... können dann einfach nachgeahmt werden** (mit weniger Zählen, viel weniger Erklärungen & Kommandos). **Besonders viel Freude brachte 3 händiges Spiel der Schülerstimme! (s. Foto mit Lehrer*in od. mit der CD).** Hände einzeln üben und 3-händig s.u. ist nur möglich, wenn die Hände nicht gerade abwechselnd spielen.

am Anfang:

Vorspiel (/Anhören CD). **CD AUS. Mitspielen zur CD erst später nach dem Einüben, nur wenn ohne Stress möglich.** Tonart bestimmen, Vorzeichen am Zeilenanfang, (zur Not im Notentext markieren) Tonleiter spielen. Lagen markieren, ggf. Lagentraining.

1. R(echte Hand) Schüler*in alleine (mit rhythmischen Fehlern)

Erst wenn der Schüler die Noten halbwegs unter die Finger bekommt (auch mit rhythmischen Fehlern) kann man unterstützen durch mitspielen, vorher würde es Hektik/ Stress auslösen.
Fingersatz & schwere Stellen klären (2-4 Takte). Stellen nochmal anhören/ vorspielen. Nur an wirklich schweren Stellen beschriften (1 + 2 + 3 + 4 +) Schüler & Lehrer zählen laut. Lehrer*in führt & zeigt mit Bleistift in den Noten, wo der Schüler ist. Falls viele Fehler und Streßsymptome: Tempo runter.

2. R Schüler (sitzt rechts / 8 *va)* + R Lehrer

nur an schweren Stellen wenig Zählen, linker Fuß evtl. nur Lehrer*in schlägt die Viertel oder gemeinsam Zählen, Zögern möglich, kein Metronom (od. später wenn kein Zögern mehr nötig). Auf unsynchrone Stellen hinweisen. **Durch das Mitspielen entsteht ein Effekt wie im Chor, man kann sich orientieren an jemandem der stabiler ist. So kann man viel ohne Zählen lernen, falls Zählen doch nötig, kann man wesentlich früher mit Zählen aufhören und auch Anfängern selbst kompliziertere Rhythmen beibringen.**

2.1. R Schüler + L Lehrer

3. Dreihändig: R: Schüler*in sitzt links und spielt einzeln, Lehrer spielt beidhändig R/L die komplette Schülerstimme. (zunächst ohne Lehrerstimme bei 4-händigen Stücken).

Oft reichen Schritt 1, 3 & 4

Bei guten Schüler/innen kann man einige Schritte kürzen oder weglassen jedoch wiederhole Schritt 3.

Das Gleiche mit Links: Plätze tauschen, Schüler*in sitzt links

1. L(inke Hand) Schüler*in alleine (mit rhythmischen Fehlern)

2. L Schüler + L Lehrer *8va*

(wenig Zählen + 4-tel linker Fuß, Beschriften & Zählen an schweren Stellen)
2.1. L Schüler + R Lehrer

3. Dreihändig: L Schüler*in einzeln + Lehrer L/R beidhändig (sitzt rechts) spielt komplette Schülerstimme *8va* (zunächst ohne Lehrerstimme bei 4-händigen Stücken)

3.1. Schüler L/R spielt 4-8 Takte (alleine)

2 x 2 händig: Zum stabilisieren kann man danach versetzt (oder auf 2 Instrumenten) das gleiche 2 x 2 händig spielen. (od. Wiederhole Schritt 3)

4. Vierhändig: Jetzt erst spielt der Lehrer die Lehrerstimme + der Schüler die Schülerstimme

VORTEILE

Man kann viel früher aufhören zu zählen. Es wird mehr gemeinsam musiziert -> erlebnisorientierter. Man muss weniger erklären / ermahnen, ... ein Großteil läuft über Imitation, Kommunikation findet auch über die Ohren statt. Selbst Körperhaltung, Phrasierung, Technik und Dynamik können einfach vom Schüler nachgeahmt werden. **Wiederhole hierzu Schritt 3 auch wenn es schon beidhändig ginge.** Das ist bei guten Schüler/ innen keine „Einbahnstraße", Ideen der Schüler*innen (Lautstärke, Phrasierung, ...) können auch den Lehrer inspirieren.

Ergänzung

Orientierung nach Gehör ist ein Zeichen von Musikalität und sollte unbedingt unterstützt werden. Da die Arbeit über die Ohren dem Notenlese-Lernprozess abträglich ist, sollten separat intensive Notenleseübungen gemacht werden z.B. mit Notenmemory-Karten + PC-Trainingsprogrammen. Selbständiges Erarbeiten und Lesefähigkeiten können anhand von schweren Stellen, Beschriften, Zählen und mit separaten Leseübungen verbessert werden.

Wichtige Grundsätze zum Üben / Spielen

Die folgenden Tipps haben `Siebenmeilenstiefel-Effekte´. Hiermit könnt Ihr Eure Übezeiten mehr als halbieren und viel schneller zu einem flüssigen Spiel und sehr guten Fortschritten kommen. Wenn Ihr Fehler einbaut und wilde oft wechselnde Fingersätze verwendet, so bietet Ihr Eurem Gedächtnis Chaos und ständig neue Versionen an. Man wird mit Streßsymptomen, Selbstzweifeln und langsamen Fortschritten kämpfen. Zwar ist es nur allzu menschlich, dass man das Stück möglichst komplett, zusammen, im Orginal-Tempo, mit wildem Fingersatz hören will. Üben geht allerdings anders:

Die wichtigsten Übegrundsätze

Wählt ein Stück, das Euch nicht langweilt und nicht überfordert.
Spielt es einmal zusammen (evtl. auch mit wildem Fingersatz) durch, um Euch einen Überblick zu verschaffen (wenn das Stück nach 2-4 Wochen nicht halbwegs laufen kann, ist es wahrscheinlich zu schwer).

1. Einzeln üben & Fingersatz beachten

Übt zunächst jede Hand einzeln (Ausnahme: die Hände spielen abwechselnd /komplementär). Entwickelt <u>am Anfang</u> einen guten Fingersatz und haltet Euch daran, die Lernprozesse laufen dann am schnellsten. Der Fingersatz soll den besten, harmonischsten Bewegungsablauf garantieren.

2. Tempo runter: schnell spielen kommt vom langsamen Üben

Ihr solltet die CD zunächst nur zum Anhören des Stückes verwenden und erst nach dem Einüben zur CD spielen, wenn das ohne Stress möglich ist. Übt vorher meist unterhalb des Tempos, das Ihr Euch schon zutraut. Geht für schwere Passagen einzeln, bei kurzem Abschnitt ins Zeitlupentempo. Dann zieht das Tempo langsam wieder hoch. Nehmt das Tempo sofort wieder herunter, und übt ggf. nochmals einzeln, wenn Fehler, Stresssymptome, falsche Fingersätze vorkommen. Malt Euch aus, wie die Passage klingen sollte. Verwendet Eure Ohren: Man kann unrunde Bewegungsabläufe hören und spüren. So könnt Ihr schon über die Ohren Stellen finden, an denen der Bewegungsablauf besser laufen könnte. Verwendet Euer Körpergefühl um innere Kämpfe/ Verspannungen / Luft anhalten, unnötige Suchbewegungen zu entdecken. Schüler denken oft, dass die Probleme bei schnellem Tempo kleiner sind, sie werden im schnellen Tempo jedoch nur kleiner, weil sie vorbei huschen. <u>**Probleme verschwinden jedoch ganz oder werden milder nur durch langsames Üben und Erkennen der Ursachen. Schnellspielen kann die Abläufe zwar nochmal verändern, kommt aber ganz von alleine**</u>, und macht natürlich Spaß. Jedoch bringt es viel mehr Spaß, wenn man die Entspannung aus dem langsamen Bereich in den schnellen mitnehmen kann.

3. Wähle eine angenehme Gedächtnisportion: meist 4-8 Takte

Wählt überschaubare Abschnitte (4-8 Takte), sodass die `Portionen´ für das Gedächtnis die richtige Größe haben. Geht erst zum nächsten Abschnitt, wenn der vorige beim Zusammenspiel (5-10 Mal hintereinander) fehlerfrei läuft. Sammelt positive Erlebnisse. Das stärkt Euer Selbstbewusstsein.

4. Übe immer fehlerfrei

Das klingt zunächst wie eine unverschämte Forderung, hat aber eine große Bedeutung. Wenn Fehler wiederholt werden, `schüttet man Beton auf die Fehler´, sie werden automatisiert + es entsteht eine Psychobarriere (an der Stelle fliege ich immer raus). Um dies zu vermeiden, sollt Ihr beim Üben immer wieder das Erlebnis haben: Es geht gut, exakt so wie es sein soll!!!! Hierzu ist es <u>**sehr**</u> wichtig, den Schwierigkeitsgrad immer so einzustellen, dass Ihr absolut fehler- & stressfrei spielen könnt. Verwendet dazu die hier genannten Methoden:

-erst einzeln üben / Fingersatz

-langsames Tempo

-angenehme Gedächtnisportion

Auch innere Kämpfe, Stress, unnötige Suchbewegungen und Fingersatzfehler oder nur Irritationen sollten wahrgenommen werden. Beobachte wie sie durch entspanntes, fehlerfreies Üben milder werden und verschwinden. Das motorische Gedächtnis arbeitet viel schneller, stressfreier und zuverlässiger, wenn Ihr Eurem Körper immer nur den guten, harmonischen, fehlerfreien Bewegungsablauf anbietet.

Bei Kontrollproblemen und verwaschenem Klangbild: auf exaktes Ablösen der Finger achten, Finger 4-5 weniger schief belasten, Pedalfehler. Bei Anspannung und Timingproblemen hilft es langsam, locker staccato zu üben und langsam zum Legatospiel zurückzukehren. So wird die Hand gelockert und man sich der einzelnen Impulse eher bewußt.

Problemlösungen

Falls trotz Beachtung der Tipps zur Körperhaltung und dieser Übetipps dauerhafte Verspannungen und Kontrollprobleme auftreten, kann das folgende Ursachen haben:

-Schlechter Fingersatz: unnötige Sprünge & Suchbewegungen. Der Daumen soll nur selten auf schwarze Tasten genommen werden. Weil er kürzer ist zwingt er die Hand nach vorne zwischen die schwarzen Tasten, was ungünstig ist.

-Wenn Daumen oder kleiner Finger mal auf eine schwarze Taste müssen, kommt es oft zum Vor- und Zurückrutschen auf einem Finger, dies führt zu einem Spielgefühl wie auf Glatteis. Lösung: Vor- und Rückwärtsbewegungen sollen als Schritte auf mehrere Finger verteilt werden).

-Armimpulse auch bei schnellen Passagen sind möglich, die Mischung von zu großen, groben (Arm- / Handgelenk) und kleinen, schnellen (Finger-) Bewegungen kann aber auch zu Kontroll- und Timingproblemen führen (z.B. passive \`Karatetechnik´ für den kleinen Finger). Hierbei wird oft das ganze Handgelenk gekippt. Die anderen Finger sind dann nicht mehr einsatzbereit bis das Handgelenk wieder waagerecht ist. Lösung: aktive kleine Bewegung des kleinen Fingers und Beachten der Bogenstatik, vermeide das Abkippen des Handgelenks.

-Unabhängigkeitsprobleme (rechte, linke Hand, Füße, ...): man sollte dann Unabhängigkeits - Übungen z.B. mit einem Akkord und einer Tonleiter machen:
z.B. Die Linke Hand spielt langsam das Begleitmuster des Stückes auf einem Akkord. In der rechten Hand spielt man dagegen die Tonleiter in Halben, dann in Vierteln , Achteln, (Sechzehnteln, Viertel- & Achteltriolen).

-bei rhythmischen Leseproblemen: Noten in der Mitte des Doppelsystems für beide Zeilen geltend beschriften (bei Achteln 1 + 2 + 3 + 4 +, bei Sechzehnteln 1 e + e 2 e + te, ...) laut zählen. Um vom Zählen wegzukommen: Schlagen der Viertel (od. Achtel mit dem linken Fuß).

Die 12 Durtonleitern

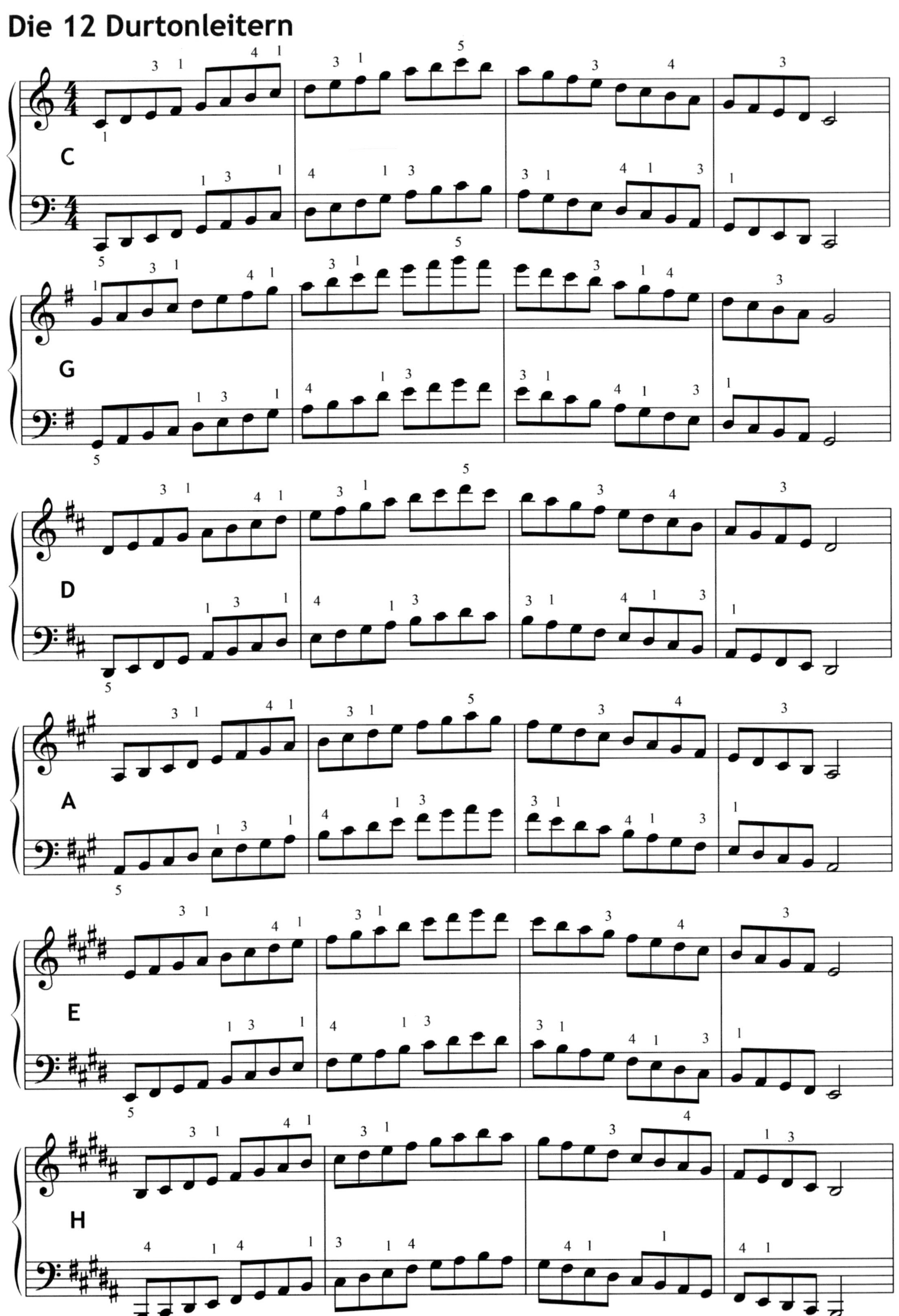

In Band II werden Vorzeichen am Zeilenanfang stehen und dann für die ganze Zeile gelten.
Spiele zur Vorbereitung jeweils die dazugehörige Tonleiter.

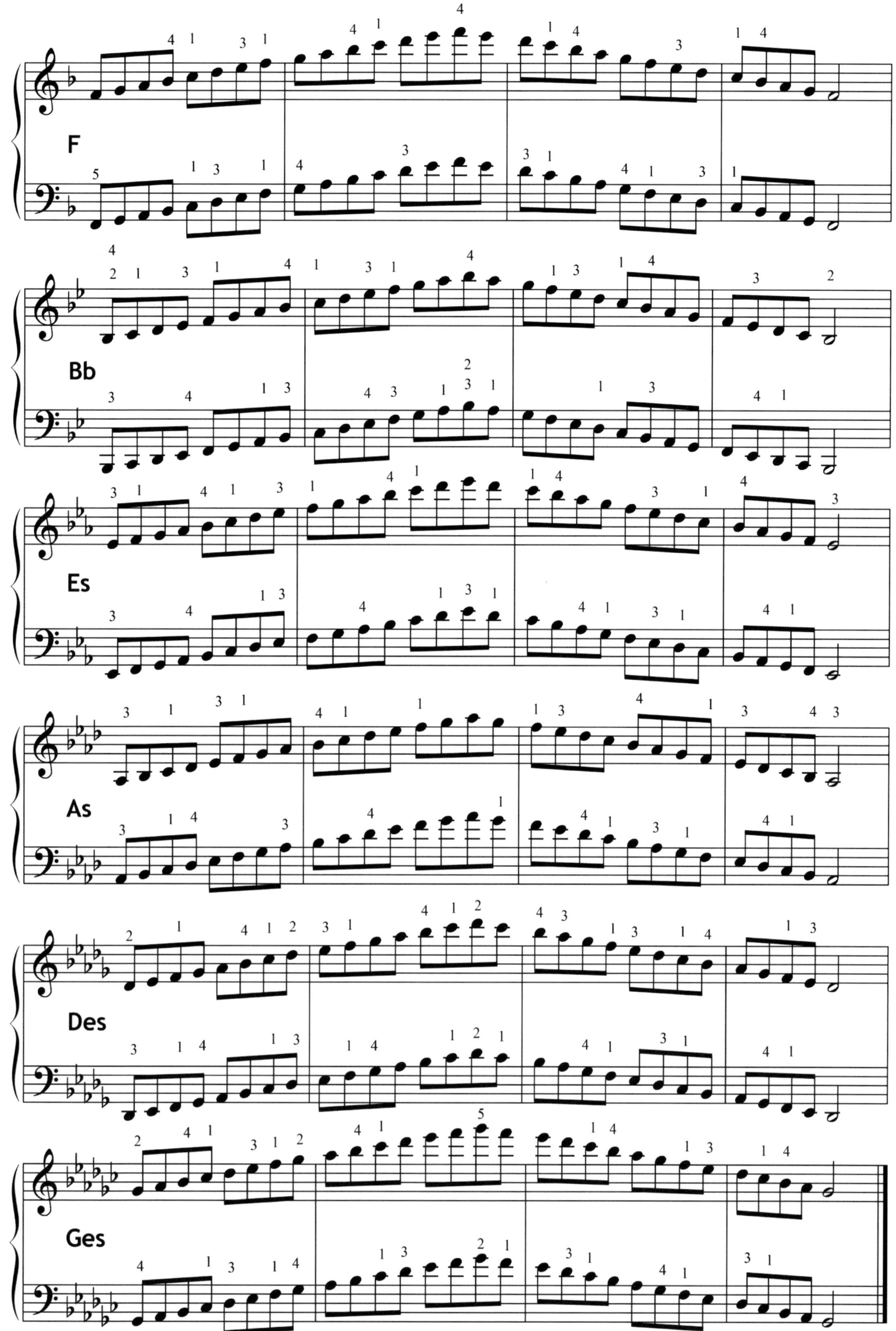
F
Bb
Es
As
Des
Ges

Hörbeispiele, Lehrerstimmen & Playalongs

auf CD / ISBN: MODERN PIANO SCHOOL Band 1 - CD (separat): 978-3-947071-01-2

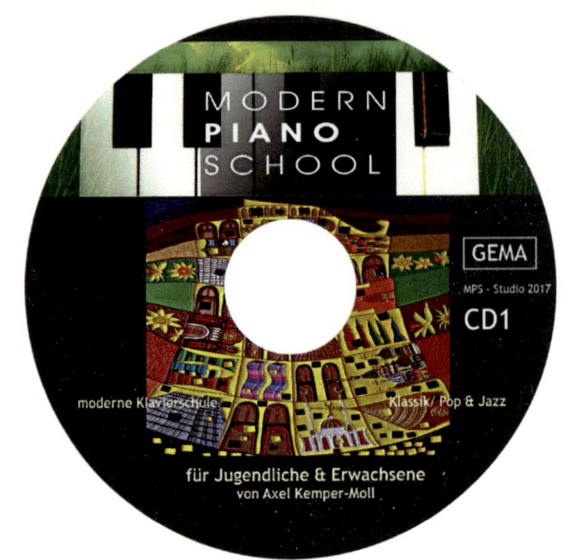

od. Downloadinfos,
DEMOVIDEO / feedbacks, ... unter:
www.modern-piano-school.de
mail an: kemper-moll@modern-piano-school.de

Die Hörbeispiele beinhalten fast alle Stücke, andere sehr bekannte Stücke findet man auf Youtube

INHALT CD

L: Lehrer S: Schüler

1. Prélude LS
2. Prélude S slow
3. Irish Song LS
4. Irish Song S slow
5. Katharinas 1. Lied in Moll LS:
6. Katharinas 1. Lied in Moll L
7. Katharinas 1. Lied in Moll S slow
8. Indian Bloom L (Bandversion)
9. Indian Bloom S slow
10. Pilgerchor/ Tannhäuser, LS
11. Pilgerchor/ Tannhäuser, L
12. Cancan LS (Jaques Offenbach)
13. Cancan L
14. Morning in Ireland LS
15. Morning in Ireland L
16. Morning in Ireland S slow
17. Imitation
18. Imitation in Moll
19. Offenbach am Meer LS
20. Offenbach am Meer S
21. Im Tal träumt leise das Kind
22. Oh when the Saints LS
23. Oh when the Saints L
24. Oh when the Saints S slow
25. Pathetique LS
26. Pathetique L
27. Pathetique LS Polka
28. Pathetique L Polka
29. Pathetique S slow
30. Irish Folkdance (Band)
31. Irish Folkdance (Band slow)
32. Wenn der Sommer kommt LS
33. Wenn der Sommer kommt Polka LS
34. Wenn der Sommer kommt Polka L
35. Wenn der Sommer kommt Polka S slow
36. Auld Lang Syne LS
37. Auld Lang Syne S
38. Bajazzo LS
39. Bajazzo S
40. Lenas Walzer LS
41. Lenas Walzer S
42. Medieval Song (Band) LS 143
(Phantasiereise ins Mittelalter)
43. Medieval Song (Band) L
44. Medieval Song (Band) slow 98
45. Medieval Song S slow
46. Openbeach Funk LS
47. Openbeach Funk S
48. So nimm denn meine Hände L